国家社会科学基金一般项目（16BXW038）"泛在媒体网络环境下中国电影跨文化绩效提升途径研究"阶段性研究成果。

中国文化产业跨行业
国际营销研究

李敏 ◎ 著

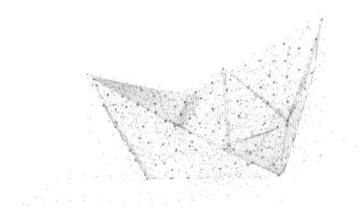

中国社会科学出版社

图书在版编目（CIP）数据

中国文化产业跨行业国际营销研究/李敏著. —北京：中国社会科学出版社，2020.9

ISBN 978 - 7 - 5203 - 6400 - 3

Ⅰ.①中… Ⅱ.①李… Ⅲ.①文化产业—国际营销—研究—中国 Ⅳ.①G124

中国版本图书馆 CIP 数据核字（2020）第 067612 号

出 版 人	赵剑英
责任编辑	喻 苗
责任校对	胡新芳
责任印制	王 超

出　　版	中国社会科学出版社
社　　址	北京鼓楼西大街甲 158 号
邮　　编	100720
网　　址	http://www.csspw.cn
发 行 部	010 - 84083685
门 市 部	010 - 84029450
经　　销	新华书店及其他书店
印　　刷	北京明恒达印务有限公司
装　　订	廊坊市广阳区广增装订厂
版　　次	2020 年 9 月第 1 版
印　　次	2020 年 9 月第 1 次印刷
开　　本	710×1000 1/16
印　　张	15
插　　页	2
字　　数	201 千字
定　　价	86.00 元

凡购买中国社会科学出版社图书，如有质量问题请与本社营销中心联系调换
电话：010 - 84083683
版权所有　侵权必究

序　文化与文化力

引言：文化的"'精'—'神'"密码

古神话是人类的童话，隐藏文化的基因密码，她对人类的永恒魅惑在于本体与现象、文本与解释的诗意纠结：在场的是"神"，演绎的是"力"。古希腊奥林匹斯山上那个神的世界，不断上演宙斯、俄狄浦斯、雅典娜、丘比特的浪漫史诗，然而与其说他们是"神"不如说是"力"的具象，是众力之力、征服之力、美魅之力、爱情之力的"力"的神格化，诸神不仅没有人格，甚至也没有神格，只是"力"的不断出场在场。在这个意义上，奥林匹斯山不是"神"的世界，而是"力"的世界，诸神之谓"神"，就是因为它们负载了某种特殊的"力"。"力"成为"神"并造就神的世界遵循不可逃脱的法则，这便是神谕所宣告的诸神命运，于是，大力神俄狄浦斯的宿命是"瞎"，爱情之神丘比特的天命也是"瞎"；俄狄浦斯演绎的是"力"的放逐，最终杀父娶母，不"瞎"难以扼制"力"的迷狂；丘比特演绎的是将一个男人和一个女人结合到一起的诞生世界的魔力，不"瞎"爱情之箭便既不神圣也不公正。"力"的法则在神话的童真中透逸出"道"的人文曙光。中国古神话同样如此，只是给诸神之"力"披上一件道德的装束，并由此走向早熟。盘古开天是一幕"力"的喜剧，宣示从自然中挺拔的天人相分之"力"；女娲补天是一幕"力"的悲剧，演绎"天人合一"

之"力",盘古之"斧"与女娲之"石",是超越自然又回归自然的那种征服力和伦理力的象征。

古神话好似一出童话剧,明星是"神",剧本是"力";感性中在场的是"神",理性中出场的是"力";童年好奇的是"神",成长后求索的是"力"。然而,古神话也留下一个文化解读的遗案:见"神"不见"力"。不仅因为"神"的魅惑太大太多,也因为见"神"只需率性,见"力"则期待生命的心智成长。"力"与"神"的一体两面在文明的开端便童真般地提出一个哲学难题:到底如何发现和把握"文化"?

古神话"神"—"力"一体的基因密码在日后文化发展中逐渐展开,最终生成"精神"的哲学概念。王阳明将"良知"作为具有本体意义的哲学概念,并以"精神"破译"良知"的文化密码。"以其妙用而言谓之神,以其流行而言谓之气,以其凝聚而言谓之精。"[①] 良知,扩而言之,文化是"精、气、神"的三重奏,"妙用"之"神"—"流行"之"气"—"凝聚"之"精"的合一,是良知也是文化的本质和规律。有待追问的是:王阳明为何首先讲"妙用"之"神",最后才说"凝聚"之"精"?日常话语中世人常言"精—气—神",但在王阳明的哲学话语中,逻辑却是"神—气—精",分殊到底如何生成?一言蔽之,熟知的并非真知。"神"之为神,根本在其"妙用"之"力",否则任何"精"都只是凡身肉胎,"神"之所以比"精"处于更优先的地位,一方面因为它更具本质性,另一方面发现"神"比发现"精"在境界上更高更难。可以说,王阳明在良知中发现并揭示了文化的"精神"密码。

文化是"精神"的存在,也遵循"精神"的规律。从古神话

[①] 王阳明《传习录》中。

基因到王阳明良知的文化叙事可以获得一种哲学启迪：以"精—神"对待文化。不仅关切文化的凝聚之"精"，更须关切文化的"妙用"之"神"，"神"—"力"合一，体—用合一，总而言之，"精"—"神"合一，才能发现和把握文化发展的规律。以"精"—"神"对待文化派生一对概念：文化与文化力；其要义是：必须建构"文化"与"文化力"统一的文化理念和文化战略。

1. 文化战略的话语体系

进入20世纪，文化在文明体系中的地位发生重大变化，这种变化的一言概之，就是人类迈进"文化时代"并日趋走向它的深处，文化已经成为国家的核心发展力和国际关系的核心竞争力。应对这种变化，各种文明、各个国家自觉不自觉地做出战略反映，战略反映的关键词就是"国家文化战略"，其要义是将文化发展上升为国家战略，发展"作为国家战略的文化"。"文化时代"—"国家文化战略"，相当程度上可以成为我们这个时代的文明特质及其国家战略反映的学术表达。由此便提出一个前沿性学术任务：在"文化时代"，"国家文化战略"的核心概念的学术话语是什么？这一任务不完成，便难以形成关于文化发展的话语体系和战略体系。

20世纪是文化发现的世纪，不同国家不同民族从不同路径达到关于文化在现代文明体系中核心地位的自觉。鸟瞰20世纪文明史，西方资本主义世界的文化发现及其进入文化时代的精神历程，以学术理论的方式自觉呈现，逐渐走向国家战略。其中三位学者、三本著作，以及与之对应的三大理念，具有里程碑式的意义：马克斯·韦伯《新教伦理与资本主义精神》中"理想类型"的理念；丹尼尔·贝尔《资本主义文化矛盾》中"文化矛盾"的理念；塞缪尔·亨廷顿《文明冲突与世界秩序的重建》中"文明冲突"的理念。"'理想类型'—'文化矛盾'—'文明冲突'"以正—反

—合的辩证运动,将文化发现从理论走向现实,从内部发展走世界秩序,从文化预警走向文化战略,由此可以还原20世纪西方文化发现和国家文化战略生成的学术谱系和精神轨迹。

20世纪初,德国社会学家马克斯·韦伯发表《新教伦理与资本主义精神》,其核心发现是:新教伦理所催生的资本主义精神,是近代以来西方资本主义文明的秘密。这部书的广泛影响集中于两个方面:一是揭示了新教伦理作为一种文化现象对近现代资本主义文明的决定性意义,由此开启了一个文化大发现的时代;二是建立了"新教伦理+资本主义精神"的理想类型,完成了20世纪西方文化中心论的学术论证尤其伦理论证。在本书的开卷韦伯便发现,在任何多元宗教的国家,工商领袖和精英人士几乎没有例外地都是新教徒,[①] 这是新教伦理的文化发现;同时又指出,资本主义在中国、印度、巴比伦,希腊和罗马,在中世纪都曾存在,但它们缺乏这种独特的精神气质。[②] 由此将其他文明排除于"理想类型"之外,开启西方文化中心论的学术论证。20世纪的西方文明轨迹基本沿着韦伯的路径前行,一方面在不断拓展文化发现中走进文化时代,另一方面在"理想类型"的思维框架下不断推进西方文化中心主义的国家文化战略,世界接受了韦伯的"理想类型",也就接受了文化决定论和西方文化中心论。

如果说韦伯的"理想类型"是西方世界进入"文化时代"预言书,那么美国学者丹尼尔·贝尔在20世纪70年代发表的《资本主义文化矛盾》[③] 便为这一理论提供了反译。丹尼尔·贝尔发现,当今以美国为代表的资本主义世界的根本矛盾,已经不是经济矛

[①] 马克斯·韦伯:《新教伦理与资本主义精神》,于晓、陈维纲等译,北京三联书店1992年版,第23页。
[②] 同上书,第36页。
[③] [美]丹尼尔·贝尔:《资本主义文化矛盾》,赵一凡、蒲隆、任晓晋译,北京三联书店1992年版。

盾、政治矛盾，而是文化矛盾，核心是经济冲动力与宗教冲动力分离和背离的矛盾，文化危机已经成为资本主义文明最深刻的危机。作为现代西方文明的诊断书，它从否定的方面宣示，一个文化时代已经到来，"文化矛盾"的解决，应当成为国家战略的重心。

20世纪90年代，美国学者亨廷顿的著作《文明冲突与世界秩序的重建》是文化时代从学术自觉推进为国家战略的标志。这是一部让世界警醒然而却又被误读的著作，从此，"文明冲突"成为全球话语，也成为全球忧患，亨廷顿本人也似乎成为"文明冲突"的始作俑者。然而耐心阅读发现，这部书与说鼓吹"文明冲突"，不如说渲染一个时代即"文化时代"的到来；与其说鼓吹"文明冲突"，不如说发出"文明冲突"的时代预警；与其说发出"文明冲突"的预警，不如说提供"文明对话"的文化战略。亨廷顿发现，"在后冷战的世界中，人民之间最重要的区别不是意识形态的、政治的或经济的，而是文化的区别。""在这个新的世界里，最普遍的、最重要的和危险的冲突不是社会阶级之间、富人和穷人之间，或其他以经济来划分的集团之间的冲突，而是属于不同文化实体的人民之间的冲突。"① 应该说，"文明冲突"不仅是对亨顿的误读，也是一种不彻底的时代觉悟，正如亨廷顿在书中反复强调的那样，这部书的宗旨不是宣扬文明冲突，而是向全世界发出文明冲突的预警，提醒国际社会为"文明对话"做准备。"我所期望的是，我唤起人们对文明冲突的危险性的注意，将有助于促进整个世界上'文明的对话'。"② 文明冲突之所以成为这个时代最严峻乃至最核心的冲突，根本原因是因为文化在整个文明体系中的地位发生深刻变化，全球正由军事、经济的竞争进入文化竞争，人类正在文明冲突

---

① ［美］塞缪尔·亨廷顿：《文明冲突与世界秩序的重建》，周琪等译，新华出版社1999年版，第6、7页。

② ［美］塞缪尔·亨廷顿：《文明冲突与世界秩序的重建》，周琪等译，新华出版社1999年版，第3页。

中重建世界秩序,一个"文化时代"已经到来。"文明冲突—文化对话—文化时代"才是这部书的主题和主线。"文化时代"是"文明冲突""文明对话"的话语背景。在这个意义上,《文明冲突与世界秩序的重建》是"文明冲突"的预警器,是"文明对话"的劝进信,更是人类进入"文化时代"的陈情表,当然是西方世界向全球发出文化挑战的宣言书。在这个意义上,与其说它是一部关于文化发展的学术著作,毋宁说它是一部国家文化战略的智库报告。

20世纪西方文化发现和文化战略最终凝聚为一个学术概念和战略话语:全球化。全球化在相当程度上是西方文化战略的学术表达和总体性话语。一般认为,全球化的内核及其合理性是全球市场背景下的经济全球化,然而"全球化"的诞生史已经表明,无论全球化还是"逆全球化",既是一股浪潮,更是一股思潮,其中潜藏西方国家的文化战略。正如汤林森所说,当代西方帝国主义获得一种新形态和新表达,这就是所谓"全球化","全球化"的本质是"文化帝国主义"。"直到60年代,帝国主义这个词正足以形容时代之特征,但现在,'全球化'已经取而代之"[1]。汤林森引用巴克的话语说,所谓文化帝国主义,"它似乎是说,帝国主义国家控制他国的过程,是文化行行,由帝国主义国家向他国输出支持帝国主义关系的文化形式,然后完成帝国的支配状态"[2]。在"文明冲突"的时代,西方帝国主义已经不是传统的军事帝国主义、经济帝国主义,而是文化帝国主义,"全球化"就是文化帝国主义的学术表达和总体性战略话语。"全球化"的概念内核和战略精髓是"化",具体地说是"化全球",是在市场飓风下以西方文化价值"化全球"。"化"的战略展开和"化"的力量建构,是"文明冲突"中

---

[1] [英]汤林林:《文化帝国主义》,冯建三译,上海人民出版社1999年版,第328页。
[2] M. Barkdr, 1989, *Comics*, Manchester University Press, p. 292. 转引汤林林:《文化帝国主义》,冯建三译,上海人民出版社1999年版,第62页。

西方国家文化战略的精髓。

"理想类型"—"文化矛盾"—"文明冲突""文明对话—全球化",展示西方文化战略从学术理论演绎为国家战略的清晰轨迹,它宣示"文化"成为我们这个时代的主题词,文化已经超出上层建筑和精神世界的论域,成为文明发展的核心发展力和核心竞争力,人类正迎来一个"文化时代",必须为它做理论准备和战略动员。正是基于对"文化时代"的时代精神本质的洞察,习近平做出关于应对文明冲突、文明对话和全球化挑战的重大理论论断和战略判断:"文化自信"。在"四个自信"中,"文化自信,是更基础、更广泛、更深厚的自信"。文化是国家"软实力",是综合国力的基础和标志;文化发展的目标是建设"社会主义文化强国"。这些理念表明,文化发展已经上升为中国的国家战略,成为"国家文化战略","文化自信""综合国力""软实力""文化强国",就是作为国家战略的文化表达。

"文化时代"呼唤关于文化理念尤其文化发展在整个文明体系中地位的理论和实践推进,进行文化意识的时代革命;"国家文化战略"呼唤将关于文化发展的意识形态话语转换为学术话语和战略话语。可能的理论假设是:应对"文化时代"的挑战,国家文化战略的核心概念的哲学表达是:"文化力"。"文化大国"和"文化强国"的重要区别在于:文化战略的重心在于国家的文化力量。"文明冲突—文明对话"表明世界正进入文化竞争时代,无论应对"文明冲突",还是在"文明对话"中取得话语权,都有待文化国力的创造与提升,因为"文明冲突"与"文明对话",核心是国家之间文化力的竞争互动。在内部文明发展中,"文化矛盾"的自觉和破解,同样具有某种普遍的理论和战略意义,只是在不同文明体系中具有不同的民族形态,在宗教型西方文化中是丹尼尔·贝尔所揭示的经济冲动力与宗教冲动力的矛盾,在伦理型中国文化中表现为经济冲动力与伦理冲动力的矛盾,但文化矛盾不仅可能是基本矛盾,而且归根到底是经济与宗教、经济与伦理等作为物质世界和精神世界集中表现的不同性质的文化载体所释放的文化力量或文化能量之间的矛盾,是文化力的矛盾,是如何通过辩证互动建构合理的文明生态或文化合力的难题。"文化时代"期待文化觉悟,"国家文化战略"期待理论表达和话语转换,也许,"文化时代—国家文化战略—文化力",就是现代文明背景下文化战略的话语体系和学术系统;"软实力""综合国力""文化强国"抽象为学术话语,生成一个概念:"文化力"。"文化力"可以成为文化战略的核心概念。

2. 从"文化"到"文化力"

(1)"力"的文化理性和文化意识。"文化力"是"文化"和"力"合一的理念,犹如古神话中"神"是神格和神力合一的理念一样。"文化力"的理念突显"力"的意义,是"文化"由理论向实践、由学术向战略演进的转换性话语。

"文化"向"文化力"的概念演绎,重心在"力"。"力"的重心位移有何意义?一言蔽之,"文化力"是基于"力"的文化理性和关于"力"的文化自觉,其要义是将文化关切从文化本身扩展为它所内在的文化力量和释放的文化能量。"文化力"或关于文化的"力"的理念,是对于文化本性的哲学自觉,是"文明冲突—文化对话"背景下国家文化战略的实践自觉,也是文化理性由理论走向战略的话语切换。"文化力"是关于文化发展的战略理念与战略话语,也是关于文化意识的具有实践精神意义的哲学推进。

毋庸置疑,"文化力"是一种客观存在,只是对它的把握期待某种得意忘象的哲学反思。"文化"与"力"的关系,犹如食物和营养的关系,一日三餐,饮食只是"象",其"意"是摄取食物所携带的营养,以获得生命成长所所需的自然力,只是为了获取这种营养，人们创造了灿烂的饮食文化，并赋予其丰富生动的伦理和社会意义，进而使饮食本身似乎成为直接目的，乃至不惜为色香味的口鼻之好而损害营养和健康，至少在食物和营养之间做出某种价值上的让度，陷入培根所说的"洞穴幻象"。营养师和大众的不同，在于直接以食物的营养而不是食物本身为价值。"文化"和"文化力"的关系也好象火箭，火箭的意义在于其所内在的巨大动力将卫星等送上天空，常人所关注的往往只是作为载体的火箭，而力本身只在空气力学中才能把握。"文化"与"力"的关系，是"象"与"意"的关系，"象"是"文化"，它是"力"的载体或体裁，而"力"则是文化的"意"或功能意义所在，在这个意义上，关于"文化"的"力"的理念，好似中国哲学和中国绘画中的所谓"得意忘象"，中国哲学以得意忘象为真工夫，中国传统绘画以"写意"而不是西方油画的"写形"为境界。简单地说，"文化"只是某种特定"力"即所谓精神力量的现象形态，文化是"力"的载体，而不是"力"本身；文化也不是"力"的主体和目的，文化力的主体和目的是人，就像食物是人的生命的自然力即营养的载体一样，文化是人的生命的精神力量的载体，只是为了获得这些精神力量，必须透过文化的努力去创造、积蓄和延续。

显然，"文化力"并不僭越和冷落文化，而是试图外化文化的生命本质，突显文化作为现象性存在的生命意义，即文化对于自身、对于创造它的主体的个体和民族的生命本质和生命意义。"文化力"的理念在日常话语和理论表达中已经存在，"精神动力""综合国力""国家软实力"等理念，彰显和表达的都是文化的"力"的意义，只是它处于某种日用而不知或不证自明的状态中。现代文明的历史进程呼唤"文化力"的理论自觉，也呼唤"文化力"从文化理性转换为文化战略。"文明冲突—文化对话"的国际环境，使文化成为"综合国力"的核心竞争力；"文化矛盾"的诊断和觉悟，使"精神动力"成为内部发展的核心驱动力；外部文明冲突和内部文化矛盾，使文化不仅是"软实力"，而且是地地道道的"硬道理"或"硬实力"。由此，"文化力"便从"文化"的概念中金蝉脱壳，成为国家发展和人类进步的重要理念。

（2）"文化力学"。"文化力"既是一个概念，更是一个理念。作为概念，它是一种文化意识和文化理性；作为理念，它是一种文化战略。作为对文化的"力"的自觉和"力"的把握，它提供一种"文化力学"的诠释框架，也期待"文化力学"的理论自觉。

"文化力"是什么？简言之，就是文化力量或文化能量，是特定体裁的文化所孕育、创造、负载和释放的精神力量和精神能量。文化是人类社会的特殊现象，梁漱溟说文化就是人的生活样法，文化就是"人化"，无论文化创造还是文化负载、文化能量的释放，都必须以人为主体并服务于人的目的，正如一些文化学家所言，人与动物的区别，只是披着一件文化的铠甲。文化力是人与文化结合所生成的能量，是个体的人和作为人的实体的民族所创造和拥有的文化力量，在人与文化结合的意义上，"文化力"就是"人文力"。

"文化力"包含"文化"与"力"两个话语构造，它们间的关系是体用关系。"文化"是"体"，"力"是"用"，离体言用将皮之不存，毛之焉附，然而文化发展由理论走向战略，期待关于文化的"力"的自觉。文化和文化力的基本文明使命是建构人的精神世界，安顿人的精神生命，通过人的内在生命秩序的建构，形成人的精神世界的合力，进而通过人的行为作用于生活世界，成为创造和改造生活世界的力量。文化对于精神世界和生活世界的作用力，其性质和力量，是文化存在的意义价值所在。由"文化"向"文化力"的概念演绎，是从存在到意义、从本体到功能的转换。由"文化"向"文化力"推进的要义，是将理论关注和战略重心由对文化本身扩展为对文化所释放的力量的研究和评估。显然，这是一个理论重心、价值重心和战略重心的重大转换，期待宏大而精微的学术论证，也期待对文化的更深刻把握。

"文化力"的理念需要也提供了一个基于"力"的文化诠释、分析和发展的理论框架，即"文化力"的把握方式。"文化"和"力"关系及其所生成的"文化力"，可以参照物理学的力学理论，然而又不能止于力学原理。根据物理学理论，"力"有三要素：大小、方向、作用点；根据文化的本体特点，"文化力"应当具有五要素：性质，大小、方向、作用点、合力。

"性质"是文化力的第一要素。文化丰富多彩，也纷繁复杂。每一种文化都负载特殊的文化力量并释放特殊的文化能量，由此造就人的精神世界，并通过为人的行为提供精神动力而成为创造生活世界的内在力量。然而文化力与生命本能的自然力、自然界的自然力不同，它本质是上引导人们超越自然存在、由自然存在上升为文化存在的精神力量，因而与人的自然力即本能之间便存在某种张力或"乐观的紧张"。文化就是人化，"文"的对立面是人的本能状态即所谓"质"，因而所谓"文化水平"本质上就是人被"化"的程度，即人与自己本能状态即自然状态的距离，也即是人被教化或教养的程度。孔子将"文"与"质"相对应，提供了文化状态与自然状态关系抑或文化性质的辩证法："质胜文则野，文胜质则史，文质彬彬，然后君子。"自然生命是人的载体也是文化的主体，否认自然生命的意义便是所谓"史"或矫作的虚伪；但自然状态的任性则是无文化无教养的朴野，最高境界是"文质彬彬"，即文与质之间保持恰当的度。孟子认为，文化就是人摆脱"类于禽兽"的失道之忧的终极忧患，通过"教以人伦"的伦理教化获得伦理拯救和伦理回归的过程。在黑格尔那里，文化就是与自然包括外在的客观自然即社会秩序和内在的主观自然即本能冲动相对立的"精神"。由此，文与质、自然与精神的对立，是文化的基本矛盾，与它们的不同的善恶关系，是两种不同的基本性质的文化，传统中国哲学所讨论的义利、理欲、公私关系以及性善性恶的讨论，都是围绕文化的这两种对立而又统一结构元素展开。文化性质相对于个体生命秩序和社会生活秩序的合理性而言，有所谓"正能量"、"负能量"的之说，正能量是提升人性、建构社会合理秩序的能量，负能理则是误导人性坠落、导致社会失序的能量。无疑，这些元素都内在具体的社会历史内涵，对于作为文化发展成果的传统而言，也有所谓"精华"与"糟粕"的不同性质之分，善与恶——正能量与负能量——精华与糟粕，构成两种相互对立的文化性质。

"大小"指文化所创造、积蓄、释放的文化能量和文化力量的强度，即文化力的强弱。一般说来，每一种文化形态都携带特殊的文化能量，每一种民族文化都孕育并释放不同的文化能量，文化力的大小，标示民族凝聚力和人的行为的精神动力的强弱。宗教与伦理之可以动员起人的最强大的精神力量，就在于它们是一种终极关怀和根本超越。在《新教伦理与资本主义精神》中，韦伯发现，新教所孕生的"天职"的伦理观念，是资本主义精神所内在的第一推动力。人是世界上唯一意识到自己会死亡的动物，因而"不死"的永恒便是人的终极追求，宗教的魅力就在于以出世的文化顶层设计提供了走向不朽的终极关怀。新教将谋利活动诠释为向上帝尽天职，"天职"的冲动与任何积累财富的世俗冲动的最大不同在于，它以对上帝的义务为终极标准，是一个永无止境的过程，于是新教的天职观念与世俗市场经济观念的文化意义不同，它释放出了一种永无止境的谋利的文化冲动，造就出在谋利冲动中持续兴奋、永不满足的新教徒，当然这种冲动必须以新教的伦理合法性为基础。伦理智慧同样如此。孔孟以"仁"说"人"，"仁也者，人也"。"仁"是人的终极关怀。然而"仁"是一个永远难以达到的境界，就像黑格尔所说的那样，道德是一个永远无法完成的任务，孔子从来没有称赞过谁是仁人，通向"仁"的终极之路，只能透过颠沛必如是，造次必如是艰苦努力，于是"自强不息，厚德载物"便成为中华民族的精神。宗教与伦理之所以成为中西方文化中内在和释放最大精神力量的文化力，就在于它们分别以出世和入世的不同智慧，提供了通向永恒不朽的终极文化之路。当然，文化力的大小以其性质为前提，否则只能造就产生巨大破坏能的负能量。第二次世界大战时期，希特勒和日本军国主义都通过民族狂热的煽动，生成并释放出帝国主义的巨大文化能量，结果在毁灭世界的同时也毁灭了自己。正如《第三帝国的兴亡》的作者在开卷所说的那样，希特勒将德意志民族推向荣誉的巅峰，顷刻又推向罪恶的深渊。这是文化性质与文化力量之间关系的历史诠释。

　　文化力的方向与文化性质相关，但又不相同。"方向"是在文化性质的前提下对文化力量和文化能量释放的导向。同一性质乃至同一种文化，由于文化力释放的方向不同，可能导致迥然甚至截然不同的后果。天主教与新教都以上帝的召唤致力于对人的终极关怀，区别在于它们对于世俗财富及其谋利活动的不同态度。原始基督教的信条是："富人要进天堂，比骆驼穿进针眼还难。"它将世俗谋利活动与终极关怀理性对立，将文化引向清教徒式的禁欲主义，窒息了经济活力。马丁·路德的宗教改革将谋利活动向另一宗教方向引导，产生新教文化力的第二结构，即所谓"恩宠"观念。新教认为，只要道德上洁白无暇，那么谋利活动所获得的财富便意味着上帝的恩宠，在这一道德条件下，财富是通向天国的门票；相反，如果有一条发财致富的路而不去追求，便意味着拒绝听从上帝的召唤，将难以获得拯救。作用力方向的这一重大调整，新教便将谋利冲动从天主教的束缚下解放出来，推动了资本主义文明的发展。西方文化是一种宗教型文化，中国文化是一种伦理型文化。两种文化在终极关怀的意义上相通，只是终极关怀的文化力方向不同。宗教型文化的作用力方向是彼岸的来世，伦理型文化的作用力方向是此岸的现世，出世与入世，就是两种不同的文化力的方向。宗教型文化是"神"的终极关怀，伦理型文化是"伦"的终极关怀，它们沿着两个不同方向提供两种走向终极关怀的文化力和具有终极意义的精神家园，所谓一虑而百致，理一而分殊。由此也可以发现，文化对话、文明对话是完全可能的，因为所谓"文明冲突"和"文明对话"，也是庄子所说的"因其大者而大之，万物莫不为之大；因其小者而小之，万物莫不为之小"① 的结果，根本分殊在于文化力的不同作用方向。可见，文化方向的理解和作用方向的调整，对文明对话和文化发展，具有重要的战略意义。

"作用点"是文化的着力点，更是文化作用于精神世界和生活世界的支点。阿基米德一句名言："给一个支点，我能撬动地球。"由此也可以诠释文化的作用点或支点的意义。新教与天主教之间最大区别就是对待财富与终极关怀之间关系的不同态度，马丁·路德的宗教改革的秘密，新教伦理所形成的"理想类型"及其对资本主义发展的文化力秘密，并不是根本改变基督教本身，而只是或主要是调整了作用方向和作用点，这就是对待财富的不同伦理态度。天主教将终极关怀当作消极的终极拯救，新教将终极关怀当作积极的终极回归。新教的文化着力点聚焦于谋利活动或财富对于终极拯救的积极意义，它与宗教的道德合法性的结合，培育出一种资本主义文明所需要的精神力量即所谓"资本主义精神"，释放出解放人的谋利冲动因而也解放资本主义生产力的巨大文化能量。合理的谋利冲动的对于终极拯救的必要性就是新教的文化作用点，它对"理想类型"的贡献，就是生成所谓"资本主义精神"。在韦伯的所谓"理想类型"中，"资本主义精神"是新教伦理与资本主义文明之

---

① 《庄子·秋水》。

间的中介，也是新教的文化作用点和文化支点。由此，在传统的转化发展中，可能不是文化本身，而是文化作用点的调整，具有至关重要的意义。

大小、方向、作用点，最终所生成的是不同性质的文化的合力。人是文化的动物，社会是文化的体系。无论个体还是民族的精神世界，都是各种文化相互作用的合力缔造的生命整体。黑格尔说，"力"是各种质料的共同媒介。文化力将各种文化透过"力"的媒介，搭建起人的精神世界的大厦。文明的合理性，精神世界及其所创造的生活世界的合理性，很大程度上不是取决于一种文化力，而是诸多文化力共生互动所形成的合力。中国文化以儒家为正宗与主流，然而中国人的精神世界却是儒释道三位一体所形成的三维结构的文化生态。儒家的入世，道家的退世，佛家的出世，互补互动，最终建立起中国人自给自足、富有弹性的精神世界，在得意、失意乃至绝望的任何境遇下都不会丧失安身立命的精神基地，所谓"穷则独善其身，达则兼济天下"。新教伦理所造就的资本主义精神，是以"天职"的观念所造就的谋利的合法性、"恩宠"的观念所造就的谋利的必要性、"节俭"的观念所造就的积累的可能性的三大文化力合力作用的结果。正如韦伯所说，天职的观念所造就的职业伦理将谋利从宗教束缚下解放出来；"恩宠"的观念所造就的财富伦理就了持续兴奋、永不满足的谋利者；而"节俭"观念所造就的消费伦理导致财富的积累。当谋利冲动的解放和对消费品的约束尤其是奢侈品的约束结合时，不可避免的结果，就是资本主义财富的增加。这便是新教伦理的文化力透过"资本主义精神"的中介造就资本主义文明的秘密。文化合力是各种文化力辩证互动所造就的文化生态或文化力的生态。国家文化、民族精神的合理性，是文化生态的合理性。市场经济是一种经济现象和经济文化，内在经济效率和经济任性的双重性质，"社会主义市场经济"的理念，根本上是建构"社会主义"的意识形态的文化力与市场经济的文化力辩证互动的合力,追求的是经济发展与社会文明的生态合理性。"合力"的理念,根本上是生态合理性的理念。

3. "文化力"战略

"文化力"是由"文化"和"力"构成的主谓结构,它不是在"文化"之外思辨一个新概念,甚至不是试图进行关于文化重心的某种切换,而是突显文化的"'精'—'神'本性"和体用合一的双重本质。"文化力"是"文化"的"体"和"力"的"用"的合一,如果一定要申言它的努力,那便是"扩展",将"文化"从本体关切扩展为"力"的把握。"文化力"的话语重心既不是"文化",也不是"力",而是二者合一生成的"文化力",其意境犹如人们对饮食的关切,既不是食物,也不只是食物携带的营养,而是它们对人的自然生命的意义。"文化力"既具有理论意义,推进关于文化的理论创新,建构"文化力"的理念和理论;更具有实践意义,推进文化战略的自觉和创新,生成关于文化发展的"文化力战略"。基于"文化力学"五要素,"文化力"的战略意义及其理论推进体现为以下五方面:文化理念,文化发展,文化导向,文化创新,文化对话,由此可以形成关于一种基于文化力的文化发展的理论系统和战略构架。

(1)"力—人文—化成"的文化理念。"性质"是文化力的第一要素,然而"文化力"的"性质"是"力"的性质而不只是"文化"的性质,其要义是超越抽象的文化意识,建立"文化"和"力"统一的文化理念,在这个意义上也可以说它是一种基于"力"的文化观和文化理性。

第一,"用'力'"理性。"文化力"的最大突破是将文化理性从对"文化"的关注扩展为对其拥有和释放的"力"的关切,从而形成一种更为开放兼容也更为敏锐务实的文化理性。传统的和习惯的文化意识首先对文化进行譬如古今中西的身份认定，由此选择对它们的文化态度，所谓"正名"为先。这种文化意识在保持文化态度的严肃和严峻的同时，也容易导致文化理性的紧张，更易陷入理论纠结，因为在开放的文明体系中，所谓古今中西只是相对的概念，更多表现为一种文化情愫。"文化力"将文化判断聚焦于"力"，文化理性的重心由求"体"的"正名"而致"用"，形成"用'力'"的文化理性和文化战略。任何文化都携带特殊的文化力量和文化能量，因而关于文化性质判断应当体用结合，由对文化本身的认同向其内在的文化能量的开发利用转化，"用'力'"的精髓就是毛泽东所说的"古为今用""洋为中用"，也即是鲁迅所说的"拿来主义"。"用力"的文化理性利于形成开放兼容的文化态度，也期待更为深刻的文化洞察能力。有学者曾经，近现代以来中西方的文化启蒙走过两条完全不同的路径，西方路径是"复古为解放"，中国路径是"反传统以启蒙"。西方文化由传统走向近代、由现代走向后现代转向的启蒙口号都是"回到古希腊"；中国由传统走向现代的口号是"打倒孔家店"，走向现代之后也经历了几次大的反传统浪潮。两种路径、两个口号体现的是对传统的两种截然不同的文化态度，其重大分殊在于到底追责"文化"还是文化之"力"。"回到古希腊"隐喻追寻文化的根源动力，而"打倒孔家店"是将传统作为追责的对象；前者的主题是"文化力"，后者主题是"文化"本身。一个多世纪以来"正名"式的文化理性和文化观，导致古今中西纠结下对传统文化的反复摧廓，也导致西方文化的不断殖民。现代新儒家呼吁将传统文化当作"病人"而不是"死人"，呼唤"尊敬的肯定"的文化态度，然而如果不在哲学上进行关于文化理性的重心位移，也许永远难以走出关于古今中西的文化情愫。必须建构一种新的文化理性："文化之道，在于'用力'"。"用力"期待更为敏锐深刻的文化洞察力，要求准确把握各种文化的力量属性，科学合理地"用力"。现代文明对高新技术的追逐已经达到放任的程度，一种科技迷信已经生成，科技力的无限扩张，不仅造就了一个瞬间即变的失忆文明，而且克隆技术等将可能将世界引向文明的悬崖，其任性发展最终将颠覆人类文明本身。当今世界迫切需要一种"力"的文化启蒙和文化自觉。

第二，"人—文"意识。"用力"理性是培育、开发和利用文化力的理性，其核心是"人—文"或"人文精神"的意识。"人—文"意识的精髓是人与文化结合的意识，具体地说是人的文化主体的意识，民族文化实体的意识，国家文化力量和国家文化安全的意识。文化力是人与文化结合所生成的文化力量和积蓄的文化能量。"力"的理性绝不是将文化当作手段的工具理性，超越古今中西的文化纠结也不是去意识形态化。文化力是文化与人结合所形成精神力量，其精髓是"人文力"，文化造就人，人释放文化力量，文化与人结合生成"人文"，人始终是文化也是文化力的主体，民族因此也始终是文化的实体。"人—文"意识是以文化武装人、建立人的文化主体和民族的文化实体的意识，人不只是一种文化主体，而且是一种文化存在；文化不是一般地具有民族性，而且是国家的文化力量。为此，文化力具有深刻的国家文化安全意义，必须建立和保持文化多样性，在文化意义上建立人类命运共同体。

第三，"化成"规律。"文化力"的性质是三个要素的复合："力""文""化"。"力"是功用，"文"是主体，"化"是规律。"文化"的本质是"人化"；"文化"的规律是由"文"而"化"，即通过"文"而使人"化"；"文化"的目标是"人文化成"，即将"人""化成"，因而"文化"即"化人"。"文化"由"文"和"化"两个要素构成，在这里，"化"是动词，"文"是主语。"文"的对立面是"质"即人的自然状态，文化的本性是超越，文化的要义是使人超越自然状态进入文化状态，因而在文化与人的自然状态即所谓"文"与"质"之间必然存在某种紧张，只是文化相信最终会消除这种紧张，达到"反身而诚，乐莫大焉"的"乐观的紧张"，文化虽然尊敬人的自然本性，但对人的自然本性的放任和迁就绝不是文化。"夫物之感人无穷，而人之好恶无节，则是物至而人化物也。人化物也者，灭天理而穷人欲者也。"[①] 放任人的自然本性，就是"人化物"，是穷人欲而灭天理。于是，文化力的便内在两个规律：一是意识形态规律，按照国家民族发展的要求"化人"，这是文化的民族性和意识形态属性；二是"文—化"的规律，按照由"文"而"化"的规律将人"化成"。其中"文—化"规律是容易被忽视也是最难以把握的规律。文化建构人的精神世界，文化力赋予个体与民族以内在的精神力量，因而文化问题在人类文明史上往往是最高最难甚至是最后的问题。文化问题深藏于人的精神深处，往往在经济社会发展的更高阶段才会出现，期待自觉，因而"最高"；文化问题本质上是人的问题，具有终极意义，因而"最后"；也因为文化规律是"人—化"规律，根本上是文化力的规律，它与自然力一样存在，但又比自然力更难把握，因而"最难"。历史上很多雄才大略的政治家最后都输于文化，最典型的是秦始皇。秦始皇在军事、政治、经济上统一了中国，唯一没有完成的事业就是在文化上的统一。秦始皇焚书坑儒，旨在建立文化上的大一统，然而他看准了问题却选错了战略，选择用政治的方式解决问题，最终"竹帛烟销帝业虚，坑灰未冷山东乱"，二世而亡。在这个意义上，可以说秦始皇亡于文化，违背文化规律建立所谓文化大一统。这一难题到汉代才解决，汉武帝"罢黜百家，独尊儒术"，建立核心价值，依照文化的规律最终建立起文化上的大一统。

[①] 《礼记·乐记》。

历史的经验值得注意，它说明，文化的规律是"化成"的规律，是文化力的规律。

（2）"培育—评估—激发"的"力"的发展战略。文化力的"大小"是关于文化能量和文化力量强度的理念，它是这样一种文化理性，不仅关切文化存在，而且关切作为文化主体的国家、民族、社会、个体所拥有、积蓄、释放的文化能量，以及文化对个体生命秩序和社会生活秩序辩证互动的文化力量；它是这样一种文化自觉，不仅对诸如意识形态、文学艺术等文化形式所释放的文化力量的性质而且对文化力量的强度有一个比较清醒的把握。文化力"大小"理念的国家战略意义，集中体现为"文化大国"和"文化强国"的理念推进。"文化大国"和"文化强国"的区别在于：前者可能只是文化生产和文化消费的大国，后者是在世界秩序中的具有巨大话语权和影响力、在内部社会生活中具有巨大的主导力和建构力的强国。文化发展从根本上说是"力"的增强，而不只是量的增加。梵蒂冈是世界上最小的国家，但在文化上却是最有影响的国家之一，因为它是基督教文化帝国的中心。丹尼尔·贝尔曾说："文化本身是为人类生命过程提供解释系统，帮助他们对付生存困境的一种努力。"[1] 文化为人类生命过程提供解释系统，它所创造的是与生活世界具有辩证互动能力的意义世界，意义世界帮助人们超越生存困境的力量，就是文化力强度的体现。文化力"大小"的要素，期待对文化与文化力由质的认知推进为量的把握，这是一种更深入、更细致的文化战略自觉。基于"大小"的文化力要素，文化发展可以在以下三方面进行理论和战略转换。

第一，"文化建设—文化力培育"。根据文化力及其"大小"的要素，文化建设的要义便不只是在文化事业和文化产业方面"做

---

[1] ［美］丹尼尔·贝尔：《资本主义文化矛盾》，赵一凡等译，北京三联书店1992年版，第24页。

大",也不只是表面的文化繁荣,而是培育、积蓄文化能量,提升国家和个体的文化力量。国家是"整个的个体",对内是一个整体,将全社会在精神上凝聚为一个伦理性实体是国家文化力量的内部体现;对外是一个个体,国际竞争力是文化力量的外部体现。根据中国传统,个体的文化力量,相当程度上表现为义利、理欲、公私关系中文化坚守的力量,即陆九渊所说的"自作主宰"的那种超越自然本性的主体性能力,其最高境界就是孟子所说的"贫贱不能移,富贵不能淫,威武不能屈"的"浩然之气"。以文化力的培育为战略重心,便演绎出一个结论,也将破解一个理论和实践难题:文化建设的着力点,不是所谓"知",而是"行",准确地说是"知行合一"。因为文化力量最终必须通过"行"才能表达和确证,"知"只是康德所说的纯粹理性,必须培育"行"的实践理性。由此也演绎出另一个结论:在人与文化结合的"人文"意义上,文化建设和文化力量培育的着力点不仅是知识,而且还有情感意志,知识是认知形态的文化,而情感意志是冲动形态的文化,是将知识转化为行为的文化力量。最后,演绎出一个中国话语:文化建设的重心不是所谓"理性",而是"精神",准确地说,是人与文化结合而生成的"人文精神",人文精神的培育是文化建设的重心,因为精神与理性的最大哲学分殊在于:精神是思维和意志、知与行的统一。

第二,"文化发展—文化力评估"。根据文化力的理念,文化发展的要义是文化力量的壮大。由于文化力有"大小"属性,因而对文化发展不仅可以进行质的评价,而且可以进行量的评估。文化发展的评估,根本上是文化力的评估。文化力评估可以从两个方面展开:一是对每一文化形态如伦理、宗教履行其文化功能的评估,借用马斯洛的概念,即诸文化形态"自我实现"程度的评估;二是对文化所释放的文化能量的评估。也许,这是一个难以为又必须"明知不可为之而为之"的战略工程,如果不能对文化发展进行量的评估,那么无论文化理论还是文化战略都只能处于主观与模糊的水平,难以准确把握。由于每一种文化都有不同的文化力属性,也由于文化力评估是一个极其复杂的学术与实践课题,因而有必要在深厚理论研究的基础上探索并建立不同文化的评估体系。譬如,基于伦理道德的文化本性和文化本务,可以建立关于伦理道德发展的"七力"评估体系:公民的道德自持力,家庭的伦理的承载力,集团的伦理建构力,社会的伦理凝聚力;政府的伦理公信力,生态的伦理亲和力,文化的伦理兼容力。① 文化力"大小"的理念有助于破解文化发展中的诸多难题。在日常生活中,人们常常感受到"文化疲软"和"文化疲惫",实际上这就是文化力供给不足的表现。市场经济下的伦理道德问题,人们每每以"世风日下,人心不古",或伦理失序、道德失范批评。然而我们调查所获得的信息是:在市场经济运行中,伦理道德并没有真正失落,只是它们对市场逻辑的互动力不够,遭遇所谓经济冲动力与伦理冲动力失衡的"文化矛盾"。市场经济释放谋利冲动的最强动力,伦理释放道德冲动的最好动力,难题在于,最强的动力并不是最好,而最好的动力并不是最强,当经济冲动力压过伦理冲动力时,便出现大量伦理道德问题。由此,文化战略与其陷于所谓"滑坡—爬坡"的争讼,不如转而培育伦理道德的冲动力,扬弃文化矛盾。因此,建立以文化力为核心的文化发展的评估体系,具有十分的文化战略意义。

第三,"文化治理—文化力激发"。文化治理是政府治理中的最为深刻的层面,文化治理能力是治理能力的核心构造和更高境界。文化治理相当程度上是对文化力的激发、开发和利用,其中传统的承续和文化力的激发是两个最重要的环节。文化传承是民族文化血脉的延续,是民族文化生命的生生不息。然而,文化传统积淀的过

---

① 关于伦理道德发展的"七力"评估体系及其学术论证,参见樊浩:《伦理道德,如何才是发展?》,《道德与文明》2017年第4期。

程，文化传承的过程，也是文化能量和文化力量积蓄的过程。对民族发展来说，文化传统好似一个能量块和蓄电池，在大浪淘沙的历史进程中将文化能量积累贮存于"传统"这个蓄电池，它不仅以某些物化的形态或共同的价值观、生活方式等显示其存在，更通过负载它的主体的人，聚力作用于历史进程所到达的任何一个时代截面。所以，对任何一个民族来说，传统都是一个巨大的资源库，所谓"根源动力""源头活水"。文化传承，本质上是对民族文化的能量块和蓄电池的不断养护充电，以这种理念和态度对待传统，便可以避免走进虚无主义和激进主义的文化误区。然而，文化传统对历史进程尤其现实生活作用的性质及其程度，实际上并不取决于传统本身，因为传统已是一种历史存在，是在人的血脉里活着的文化矿藏，其价值取决于特定时代的人对它的激发和开发。所谓继承创新，一方面是对传统力量的唤醒和激活，让沉睡于人的文化脉动中的传统复活并成为新的生命能量；另一方面是对传统的开发和利用，所谓"古为今用""推陈出新"。传统的文化力的激发和开发，就是创造性转化、创新性发展的真义。文化力的激发和开发，不仅对文化发展而且对民族发展具有至关重要意义。历史上任何一个对文明进程产生巨大影响的时代，往往都是文化力爆发的时代，也是文化创造力焕发的时代，只是这种文化力及其对文明进程的影响有所谓"正能量"与"负能量"之别。中国的革命时代是政治热情高昂即红色文化力焕发的时代，改革开放是经济的文化力解放和爆发的时代。然而，对文化力的不当激发和利用，也会产生巨大的破坏性能量，第二次世界大战时期德国和日本对军国主义民族情绪的文化激发就是沉痛的历史教训。道理很简单，文化发展是一个文化力量积累积聚的过程，它们经过漫长历史进程的压缩，犹如铀原子一般生成某些核凝聚，一旦遭遇特殊条件，便会产生核爆发。只有掌握开发和激发文化力的娴熟文化治理战略，政府治理才能真正达到"治天下运于掌上"的至高境界。

（3）"意识形态—文化形态—文化规律"的"方向"自觉。在物理学中，"力"被称为矢量，即有大小又有方向。文化力的"方向"要素是一种重要的文化战略自觉，它不仅关乎文化力的性质，而且关乎诸文化力最后生成的文化合力。"方向"自觉的要义是在意识形态自觉和文化形态自觉的两大"形态"自觉基础上所生成的对于文化发展规律和文化导向的自觉。

第一，意识形态自觉，或文化目标的自觉。文化力比自然力或物理力具有更自觉的方向性特征，因为文化是最具目的性的活动，目的性就是文化力的方向指引。培根试图消解文化力的方向性，提出"知识就是力量"的口号，这一口号在激励人们学习知识的同时也误导了无数读者。中国传统突显文化力的方向，王阳明指出，如果没有德性，知识汲取好似迷路骑良马，将愈益远离人类文明的大道。培根拥有天才的知识，然而终因其道德沦丧践踏法律而被关进伦敦塔。文化通过人的化育、通过人的行动体现"文化力"，因而文化的方向归根到底是人化的方向，在理论和实践的意义上，文化力方向的自觉包括三个方面：哲学自觉、民族自觉、思潮自觉。文化就是人化，其根本方向就是"人兽之别"。孟子曰："人之有道也，饱食、暖衣、逸居而无教，则近于禽兽。"类于禽兽是人的根本忧患，"异于禽兽""贵于禽兽"的人性超越就是文化在哲学层面的根本方向，这便是人化的真谛。所谓民族文化传统，实际上是民族"人化"的不同方向。梁漱溟曾说，在轴心时代，人类大体有三种文化方向。希腊是向外追索的文化，贡献了科学；中国是向内反求的文化，贡献了伦理道德；印度是反身向后的文化，贡献了佛教。三种文化传统，实际上是三种文化方向。不同的文化思潮的本质是将文化朝着不同方向引领，存在主义向个体方向引领，社群主义向群体方向引领。文化发展的方向自觉，不仅是文化的意识形态自觉，也是文化的民族自觉。韦伯的理想类型，被认为在文化发现中揭示了某种普遍规律，然而事实是：在道德哲学层面，理想类型具有某普遍性与合理性；在历史哲学层面，它是西方文化中心主义的成功论证，是现代西方文化帝国主义战略的理论源头，世界接受了韦伯的"理想类型"，也就接受了西方文化中心论，接受了文化帝国主义，只是因为它以学术的方式出现，更隐蔽也更不易被洞察。文化方向的自觉，是重要的文化力自觉，"意识形态"的话语因其过多过泛的使用，也因西方思潮的影响，已经出现认知和接受的疲劳，然而意识形态并没有终结，如果以学术话语表述，意识形态自觉是文化力的方向性自觉。

第二，文化形态的自觉。每一种文化之所以呈现为不同形态，在文化力的意义上就是因为它们作用方向的不同，最典型的是宗教和伦理。宗教与伦理在终极关怀与终极超越的意义上相通，区别在于文化力方向不同。在文化体系与文明体系中，它们好似两个向相反方向行进的文化重力，宗教将人引向出世，伦理将人引向入世。于是提供了两种终极关怀：神的彼岸关怀；"伦"的此岸关怀，然而最终达到的都是对人的有限性的某种具有根本意义的超越，是对无限和不朽的追求。伦理与道德的关系同样如此。伦理设定了一个"在一起"的精神家园，这就是"伦"及其"理，要义是"家"；道德则指明了一条回归之路，这就所谓"道"与"德"，要义是"回家"。文化战略只有洞察诸文化形态对人的作用力的方向，才能真正理解和驾驭文化，在文化生活与文化治理中"从心所欲不逾矩"。

第三，文化规律的自觉。正因为文化具有方向性，因而文化导向力便是文化发展战略的必不可少的构造。文化导向力不只是意识形态导向力，更具体的还有文化形态的导向力，即适当调整文化行进的方向，使之符合文化发展的整体目标。因此，文化发展必须遵循意识形态和文化形态的双重文化规律，否则或是迷路骑良马，或是南辕北辙，文化治理要么疲软，或么重蹈以政治代替文化、以经济僭越文化的覆辙。文化规律是精神规律，是精神世界建构发展的规律，根本上是人的规律，是"人化"或人文化成的规律，文化发展与文化战略必须具有自觉的规律意识。如果说意识形态中心的时代文化导向的误区可能是以政治规律取代文化规律，那么市场经济条件下文化导向必须警惕的是以经济规律僭越文化规律，这一误区已经潜藏于"文化产业"的概念之中。文化产业的话语和价值重心是"文化"，如果以"产业"为重心，便内在以经济僭越文化，以经济规律僭越文化规律的巨大风险，"文化产业"便沦为"文化工业"。文化事业与文化产业的协调发展，相当意义上是意识形态规律与文化形态规律的辩证互动。意识形态规律和文化形态规律是文化发展的两个基本规律，它们的辩证互动及其所产生的文化导向力是对文化发展具有方向意义的两大文化战略自觉。

（4）"着力点—互动点—转换点"的"作用点"战略。"作用点"即着力点或文化的"阿基米德点"，"作用点"的文化力自觉，是文化发展和文化治理中最重要也是最难的战略自觉，"作用点"的文化力战略包括三个方面。

第一，准确把握文化的作用点或着力点，这是文化形态内部的作用点战略。人类文明之所以构成有机生态，就在于诸文明构造具有不同的意义功能，意义功能即文化的作用点或着力点。经济创造的是一个利益的世界，以利益驱动为人的行为的动力机制；政治创造的是一个权力的世界，以个体权利与公共权力为核心；文化创造的是一个意义的世界，以价值理想为终极追求。利益、权利、价值是三大领域的着力点，它们的辩证互动建立生活世界与精神世界的平衡协调。诸文化形态也有不同的着力点，哲学与科学的着力点是真，伦理与道德的着力点是善，文学与艺术的着力点是美，在人性构造中，它们分别对应人的知、情、意。文化治理和文化战略的科学性及其境界，在于审慎辨别、准确把握诸文化形态的着力点，根据文化规律推进文化发展。思想道德是精神文明建设的核心，然而"思想"与"道德"有不同的文化着力点，前者属于政治领域，遵循政治学的规律；后者属于伦理道德领域，遵循伦理学和人文精神规律。以思想教育的方式进行道德教化，必然导致道德说教，产生"有道德知识，但不见诸道德行动"的精神缺陷。

第二，寻找不同文化形态及其文化力之间的互动点，这是诸文化形态之间的作用点互动战略。诸文化形态存在的价值，就在于它们履行不同的文化功能，并且坚守自己的文化本性，在辩证互动中建构文明合理性。然而在文明发展的一定历史时期，往往产生某种文化强势，导致文化殖民。西方中西世纪是基督教的世纪，科学与哲学与沦为宗教的奴婢。在市场经济条件下，很容易生成经济逻辑的文化强势，以利益为文化崇拜，在义利冲突中生成诸多伦理道德问题。经济冲动力与伦理冲动力的辩证互动，就是经济与伦理的互动点，丹尼尔·贝尔所说的"资本主义文化矛盾"，就是市场经济所释放的强大经济冲动力的冲击下宗教尤其是宗教伦理的冲动力的耗散。现代西方经济学有所谓"三只手理论"，以市场、政府、道德的三种文化力的辩证互动，建构市场经济的文明合理性；中国建设"社会主义市场经济"，核心也是以"社会主义"的政治、伦理的文化力与市场经济的冲动力辩证互动。然而在对于市场经济中诸多伦理道德问题的文化治理和理论研究中，很容易落入经济逻辑的价值霸权，突出表现为以资本逻辑诠释、劝勉道德行为，产生道德银行之类的文化短期行为。这些策略和理论无疑是放弃了伦理道德的文化守望，是经济学的利益逻辑在伦理道德领域的价值殖民，虽短期可能收到一定明显效果，但将产生严重文化后果，最终伦理道德将成为经济利益的附庸，因为它实际上放弃了伦理冲动力或伦理道德的文化力对经济冲动力的辩证互动，本质上是伦理道德的文化渎职。

第三，作用点调整，这是文化转化创新的战略。如何对待传统文化与外来文化是文化战略的重要难题，传统的创造性转化与创新发展是国家文化战略的重要组成部分，也是国家文化力的重大课题。然而传统转化面临一个难题：在世界范围内，文明古国尤其希腊、印度、两伊地区、中国等四大文明古国似乎在经济发展方面都比较迟缓，美国在文化上最年轻，但却是当今世界的头号经济强国。在国内也是如此。一些文化传统比较悠久的地区，如陕西、河南、山西等都是发展中地区，而深圳20世纪80年代后期才崛起，却是经济发展最快的地区。这种世界范围内的"经济—文化悖论"很容易让人产生误读，以为传统是经济社会发展的阻滞力。按照"文化力"的理论，传统作为文化资源的现代意义，取决于对它的转化创新，转化创新的重要聚力点之一就是作用点的调整。最典型的是韦伯所阐释的关于新教的宗教伦理的变革。新教与天主教都对财富保持伦理上的文化警惕，强调财富的伦理意义和伦理合法性。然而天主教的文化着力点是对谋利冲动的约束，新教的文化着力点以对财富的伦理承认为前提，强调谋利活动的终极意义，然而又将谋利冲动和财富消费限制于伦理合法性的范围。于是，不是对财富的伦理态度，而是伦理对财富的文化着力点的调整，新教便为资本主义文明注入了强大而必不可少的文化动力即所谓"资本主义精神"。由此得到的战略启迪是：所谓"古为今用""洋为中用"，最重要的文化工程是作用点或着力点的调整，由此便可以"推陈出新"，实现创造性转化和创新性发展。

（5）"文化生态—文化理解—文化体系"的"合力"理性。文化对人、对经济社会的作用力，不是某一要素、某一文化形态的作用力，而是诸要素、诸形态相互作用所生成的合力，既是由性质、大小、方向、作用点所形成的合力，也是各种文化形态辩证互动的合力。"合力"是具有整体意义乃至根本意义的文化战略,"合力"文化战略具体展现为以下三方面。

第一"文化生态"与文化态度。"合力"理念提供一种文化把握方式和对待传统文化、外来文化和地域文化的新态度。文化就是人化,文化所造就的人及其精神世界是一个辩证互动的有机生态,因而任何一种文化传统尤其是那些历史悠久发展比较成熟的文化一般都具有自足性。中国传统文化以儒道佛为主干结构,虽然在长期历史发展中儒家是主流和正宗,然而中国人的精神结构从知识精英到村夫村妇,往往儒道佛三大文化因子同在,中国人在得意时是儒家,失意时是道家,绝望时是佛家;入世、退世、出世分别是儒家、道家、佛家对人的文化力的作用点和作用方向,儒道佛三位一体建构起自给自足的精神世界和文化生态,由此中国人好似获得一个锦囊袋,在任何境遇下都不会丧失安身立命的基地,赋予中国人的精神世界以三角形的稳定性。中国传统经济形态是自给自足的自然经济形态,中国传统文化形态是由儒道佛三位一体构成的自给自足的文化生态,经济上和文化上的自给自足,构成中国传统社会的超稳定系统。于是可以演绎一个概念:"文化自足论",即任何比较成熟的文化对于创造它的那个民族来说都是相对自足的,好像长期生活的自然环境对这个民族相对自足一样。由此便派生一种文化态度:文化平等主义,它要求承认和尊重文化多样性,多样性的民族文化并无高低优劣之分。为此,必须抵御文化霸权主义,不仅抵御诸民族文化关系中的文化霸权主义尤其西方文化中心论,而且抵御诸文化形态关系中的价值霸权,尊重诸文化形态的平等地位。地域文化是文化母生态下的文化子生态,对诞生它的这个地域来说也具有自给自足的生态意义,地域文化构成民族文化的生态多样性。因此,文化发展必须培育一种尊重文化多样性的平等的文化态度,这是全球化时代应有的文化教养。

第二,"文化理解"与文化对话能力。由于民族文化、地域文化包括它们所化成的文化个体都是一个生态,因而文化对话本质上是一种文化理解。人类文明正由轴心文明进入对话文明时代,对话能力的培育具有十分重要的文化战略意义。"文化生态"表明,文化接受和文化认同是"文化理解"而不是"文化了解"。文化理解是对文化的生态把握,而文化了解只是对某种文化的局部的和知识性的把握。改革开放相当意义上是向西方学习的过程,然而无论文化引进还是文化接受很多还处于于"文化了解"的层面,诸多误区往往由此发生。改革开放40多年,中国对待西方文化的学习应当由"文化了解"向"文化理解"推进。然而文化理解期待培育更强的文化能力,尤其期待增强中国文化的主体意识。文化理解作为对文化的生态把握,其困难犹如对黑格尔体系的把握。黑格尔是一个体系大师,一位西方学者曾说,对待黑格尔哲学,要么全部接受,要么全部不接受。按照黑格尔的理论,离开人体的手就不是手,同理,离开黑格尔的整个体系就难以真正理解他的任何一个命题和论断。对待传统文化的态度也是如此,现代新儒家提倡对传统文化"尊敬的肯定"的态度,内核就是"同情的理解"。全球化时代,培育文化理解的品质与能力,是"文化对话"的核心战略之一。

第三,价值体系、理论体系与实践体系。"合力"所生成的文化合理性是生态合理性,它要求在诸文化要素、诸文化形态辩证互动的过程中消除价值分裂。价值分裂本质上文化力作用方向乃至文化力性质的分离和背驰。文化多样性不是价值分裂,价值分裂不仅可能存在于不同文化形态如经济与伦理之间,而且可能存在于同一文化形态之间。市场广告的秘密是透过价值观输送推销产品,广告作为文化常常只是假象,本质是产品营销,其中缺乏基本的文化真诚,于是房产商教唆奢侈,廉价商品经销商提倡节俭,出现经济文化的价值分裂。价值分裂不仅因文化的作用力方向的不一致而难以形成合力，而且导致文化力的相互消解，于是必须在文化多样性中建立核心价值观。"合力"的自觉生成期待关于文化发展的理论体系和实践体系的建构。理论体系包括话语体系、概念体系和学术体系，体系的本质是生态，是合力的逻辑形态，每一个民族文化、每一种文化形态都有自己独特的话语体系与概念体系，以"文化了解"而简单移植异质文化的某个抽象概念或话语，很容易导致文化殖民，缺乏表达力和解释力，更缺乏生命力，甚至像血型不同的输血产生排异一样，导致严重文化后果。实践体系的建构是文化发展战略的难题，其要义是将文化发展当作有机生命过程，生态地、体系性地确立文化战略，推进文化发展，并使之与经济社会辩证互动，建构合理的文明生态，形成文明进步的"合力"，也许这就是中国实施"协调发展"国家战略的文化意义。

1999年前，在我率领团队获得东南大学伦理学博士点之前，我挂靠管理学科指导博士生，因为我的博士学位是管理学，博士论文就是《经济与人文力》。虽长期从事伦理学研究，但伦理与管理的交叉是我的一个重要方向，在读博士学位之前就在海外出版了管理学的专著，也在《管理世界》《管理工程学报》等发表了一些管理学的论文。李敏是我最早的管理学博士生之一，研究方向是管理的社会资本，毕业后在南京航空航天大学任教，专注于文化产业的研究，这样就与我早期管理学的研究方向有些相近。长期相处，对她最强烈的印象一是执着，二是质朴。近二十年做管理研究尤其是文化产业的研究，也似乎总是只管播种，毋论收获，研究就是目的，过程就是一切，除了教学和研究，包括高校学者最在意的论著、课题乃至职称，她虽不说完全不在意，但偶然谈论之后，一切便风轻云散。虽为女性，但质朴得像一块玉璞，朋友们常说她真实得有点傻，好像从来不长记性，人生和事业虽常受命运眷顾，但也屡有不顺,然而相聚时从不主动倾诉。这是一个非常真的学者,真人,真性情,一切都很"真"地活着。

疫情期间,我被困国外,突然收到她的来信,说有本书要出版,要我写几句话,特别嘱咐有空闲时才做。我觉得我是应该做点什么。于是将我2019年年底发表的论文《文化与文化力》找出,感觉与她的著作在理论上可以相衬。长期以来,我对"文化产业"这个词总是保持高度警惕,担心它有"产业"没"文化",做文化产业缺乏文化的真诚和文化的能力,明修栈道,暗渡陈仓,最后"俾作夫人",由"文化产业"沦为"文化工业"。我坚定的地认为,文化就是一个国家的实力,不是"软"实力,而是综合国力。因而长期进行关于文化与文化力关系问题的思考,即"文化"如何转换为国家的文化力量和文化能量。文化产业是国家文化力量的物质化体现,通过消费转换为国家民族的文化能量,它本质上属于文化,也必须首先是文化,有文化,绝不能沦为经济的附庸,否则便可能导致"伪文化"。我一直认为,文化最大的敌人不是没有文化,而是"伪文化"。正是在这个意义上,我将这篇老题新作贡献出来,作为李敏这本书的代序,算是为她的研究做一个理论上的响应和支持。至于本书的质量,我想一旦呈现出来,任何一个有阅读能力的读者都会有自己的结论,不需我在此多言。

是为序。

樊　浩
2020年5月30日
于新加坡国立大学外教公寓

目　录

引　言 …………………………………………………………（1）

第一章　相关概念界定及文献评述 ………………………………（3）
　一　相关概念界定 …………………………………………（4）
　二　文献评述 ………………………………………………（9）

第二章　文化"走出去"国际营销：缘起及内涵分析 ……………（16）
　一　"文化：一种独特的商业形式？" ……………………（16）
　二　文化内在的表达、沟通交流及展示价值 ……………（18）
　三　文化"走出去"国际营销的内涵分析 …………………（20）
　四　文化"走出去"国际营销的实践渊源和理论渊源 ………（23）

第三章　文化产业跨行业国际经营的理论及实践动因 …………（28）
　一　文化的财富效应和跨国企业投资策略转向为文化
　　　产业跨行业国际经营提供了经济动力 ………………（28）
　二　技术融合为文化产业跨行业、跨地区国际经营
　　　提供了技术支撑 …………………………………（30）
　三　理论研究为文化产业跨行业、跨地区国际经营
　　　提供了思想动力 …………………………………（30）

四　政府政策变革为文化产业跨行业、跨地区国际经营
　　提供了宏观动力 ………………………………………（31）

第四章　文化产业跨行业国际营销的组织形式、空间形态及联合经济性 …………………………………………（35）
　　一　从独立的符号创作者到公司形式的专业复合体 ……（35）
　　二　跨行业、跨地区、国际化运作的文化产业组织 ………（38）
　　三　文化产业的空间聚集与跨行业、跨地区、国际
　　　　合作网络 ……………………………………………（39）
　　四　文化产业跨行业国际经营的联合经济性 …………（43）

第五章　文化产业跨行业国际运作的产品服务营销功能 ……（48）
　　一　文化资本与技术资本融合，为技术产品注入文化
　　　　价值 …………………………………………………（48）
　　二　文化资本与产业资本的融合，提升工业产品的
　　　　附加值 ………………………………………………（50）
　　三　代表性文化品牌、文化产品的原创地效应创造
　　　　功能 …………………………………………………（52）
　　四　文化内容产品、文化活动及文化展示提升一国产品
　　　　服务整体声誉 ………………………………………（53）

第六章　文化产业跨行业运作的区域营销功能 ………………（57）
　　一　自然资源与人文资源整合，改善区域人文生态 ……（57）
　　二　环境生态重建与工业遗产开发利用结合，实现
　　　　城市可持续发展 ……………………………………（59）

第七章　文化产业跨行业国际经营的国家营销功能 …………（62）
　　一　文化产业跨行业国际经营的国家营销功能 ………（62）

二　文化距离与中国文化"走出去"的理论及现实困境 …… (68)
三　结语及启示 …………………………………………… (72)

第八章　文化产业跨行业国际经营现状及策略选择
　　　　——以江苏为例 ………………………………… (76)
一　江苏文化资源优势及特征 …………………………… (76)
二　江苏文化产业跨行业跨地区发展策略 ……………… (78)

第九章　企业动漫角色商品化权收益影响因素的灰关联
　　　　分析 ……………………………………………… (97)
一　研究变量及研究假设 ………………………………… (98)
二　实证研究 ……………………………………………… (102)
三　研究结论 ……………………………………………… (104)

第十章　外来性劣势与中国电影北美票房绩效的
　　　　实证研究 ………………………………………… (107)
一　文献综述 ……………………………………………… (108)
二　数据收集和描述性统计 ……………………………… (110)
三　对数线性回归、样本选择偏差分析及分位数
　　回归分析 ……………………………………………… (111)
四　研究结论及讨论 ……………………………………… (122)

第十一章　在线评分对中国电影北美票房的影响研究 ……… (134)
一　引言 …………………………………………………… (134)
二　文献回顾与假设提出 ………………………………… (137)
三　在线评分与中国电影北美二阶段票房关系的
　　实证研究 …………………………………………… (139)
四　结论与管理启示 ……………………………………… (146)

第十二章 跨国广告公司中国市场进入期竞争策略研究
　　——基于产业链的分析……………………………（151）
　一　产业链及产业竞争结构中的跨国广告公司…………（151）
　二　跨国广告公司中国市场进入策略选择………………（153）
　三　竞争策略实施成效及启示……………………………（162）

第十三章 中国电视媒体广告经营的瓶颈及营销策略
　　选择………………………………………………（169）
　一　产业结构中中国电视媒体广告经营的市场地位………（169）
　二　中国电视媒体经营及广告营销面临的主要外部
　　　压力与国际竞争……………………………………（170）
　三　中国电视媒体广告经营自身发展瓶颈………………（174）
　四　中国电视媒体经营及广告营销策略选择……………（176）

第十四章 发达国家政府政策促进文化产业跨行业国际
　　营销………………………………………………（183）
　一　欧美国家文化政策变革促进文化产业跨行业国际
　　　营销战略实施………………………………………（183）
　二　欧美国家跨行业跨地区文化政策变革的特征及
　　　启示…………………………………………………（191）
　三　结论及政策建议………………………………………（196）

后　记……………………………………………………（202）

引　言

当今时代，各国先后启动了以先导产业为主导的跨越式、跨产业新技术革命和新产业革命。以文化创意产业为先导、对传统产业实施重塑和变革，盘活、整合跨行业、跨地区、跨国界优质资源，发挥内容文化产品的"原产地"创造效应、品牌效应及产业关联效应，提升国家及区域形象、产品服务形象和文化软实力，并带动关联产业、地区的协调可持续发展，促进经济向创意经济跃迁，具有深远的历史意义和现实意义。

通过对中外前沿理论探索、实践经验及中国现实的实际调研，本研究探讨了文化产业跨行业国际营销的内涵、缘起及动因。文化产业跨行业国际营销根源于文化内在的表达、沟通交流及展示价值以及文化多样性前提下文化"走出去"对民族国家文化的国际化表达和对话的内在特性及需求。基于文化产业跨行业国际营销的组织形式、空间形态及联合经济性的分析，本研究探讨了文化产业跨行业国际经营的产品服务营销、区域营销、国家营销功能。报告从经济、技术、理论多个层面揭示了文化产业跨行业国际营销理论及实践渊源：文化的财富效应和跨国企业投资策略转向、技术融合、理论研究、政府政策为文化产业跨行业国际经营提供了经济动力、技术支撑、思想动力和宏观制度支持。通过对江苏文化产业、中国电影北美市场票房绩效、中国电视媒体广告经营、跨国广告公司中国市场进入期竞争策略选择，以及中国动画产业跨行业经营及动漫角色商品化权收益的现状调查、案例分析和实证研究，揭示了中国文化产业、企业、电视媒体等文化组织，在跨行业国际营销过程中面临的国际竞争、缺乏优势品牌，以及外来性劣势、文化折扣和关系风险等问题，并借鉴欧美发达国家文化企业跨行业国际经营战略、策略和政府政策举措，为中国文化产业、企业及产品的跨行业国际营销提出了建设性的对策建议。

第一章

相关概念界定及文献评述

在过去的几十年里，人类经历了冷战结束、两德统一、苏联解体、欧洲统一市场形成、世界贸易组织建立、信息高速公路快速拓展普及等一系列重大历史事件。东西方之间，不同体制的国家之间，都加速了融合。尤其是20世纪70年代开始的信息技术革命和各国相继放开管制，推进了传媒、通信、出版、影视、广告、教育、能源、金融等行业的相互合作与兼并，一个巨大的产业融合浪潮正在全球展开。

世界各国文化产业的发展，与跨行业、跨地区、国际经营战略的实施密不可分，甚至可以说是实施跨行业、跨地区、国际经营战略的结果。有高科技支持，以视听出版、影视传媒、演艺娱乐、旅游、网络、体育、会展服务为基础的文化产业，已成为国际贸易中的重要组成部分，也是各国增加出口、扩大国家文化影响力的重要方式。如美国的电影、音像业已超过航空工业居于出口贸易的第一位，对美国价值理念传播，对美国影响力、文化霸权地位的提升发挥了巨大作用。文化产业正在替代传统制造业、金融服务业，成为未来国家经济发展的主导角色，并迅速成为新的全球经济增长的驱动力。正是由于文化产业的巨大经济效益和驱动效应，使得中国将其列为经济发展的重点产业和支柱产业。

一 相关概念界定

(一) 文化和文化产业

到目前为止,文化和文化产业的概念没有一个统一的界定。按照威廉姆斯的观点,最为广泛的人类学意义上的"文化"是一个"独特人群或社会团体的'生活全貌'"(Williams Raymond, 1981)。而狭义的文化定义为"社会秩序得以传播、再造、体验及探索的一个必要(虽然并非唯一)的表意系统(signifying system)"。文化产业是与社会意义的生产最直接相关的机构(主要是营利性公司,但也包括国家组织和非营利组织)。按照狭义的文化概念,文化产业包括电影、广播、电视、出版、音像、广告及表演艺术(大卫·赫斯蒙德夫,2007)。

许多对于文化产业的定义,开始于文化商品价值特性。如文化商品提供较低的效用价值水平,较高水平的审美价值(Hirch,1972;Power,2002),符号意义(De Fillippi et al.,2007;Throsby,2001),社会意义(Markusen et al.,2008)和社会展示价值(Bourdieu,1984;Scott,1999)。这些满足、迎合了娱乐和认同构建的需求。音乐、电影、小说和游戏服务于娱乐的目标。这些活动里,人们参与娱乐、体验日常生活中缺乏的情感。它们也服务于社会标识和符号认同。因此,特定类型电影、文学作品、时尚产品的偏爱被社会网络中的另一些人所影响。甚至,文化产品是体验、意义被认为、评价基于他们能提供乐趣、享乐或快乐、愉悦的能力,并且,在消费之前,消费者不知道这些商品能够成功地传递那些快乐。这也意味着变革、创新在文化产业中扮演了一个特别的角色:创新不是致力于改进绩效和功能,而是不断地引入不同类型的产品以娱乐多样而易变的品味。

对文化产业的许多分类，较为一致的看法是，文化产业包括电影、音乐、图书和杂志出版、影剧院、广播电视和美术（绘画、雕塑等艺术）（Cowen，2000；Hrsch，1972；Lampel et al.，2000）。许多作者将广告、建筑、设计、新媒介、遗产和手工艺、时尚、游戏和摄影也包括进文化产业内。

Mirva Peltoniemi（2015）通过分析314篇文化产业的英文研究文献，追踪了文化产业的边界、特征及动态，重构了文化产业的概念。文化产业是那些创造具有大量创意元素的体验产品，并致力于通过大众分销（mass distribution）到达消费者市场的。创意元素包括故事、风格和他们服务的娱乐、认同构建和社会展示目标。大众分销指文化产品经营、储存和传播中规模经济扮演着重要角色。在此定义下，属于文化产业概念的活动包括电影、音乐、图书和杂志出版。

有些学者的文化产业概念也包括节庆、珠宝、家具、旅游、玩具和香水等。因为这些产品包括一些符号内容，但本研究采用Mirva Peltoniemi的定义，仅将那些产品及价值根植于其符号内容的包含在内。

按照Mirva Peltoniemi的研究，文化产业有两个独特的特征。第一，持续、过度供给的创意劳动力。它独立于经济周期，也就是超过各自市场能支持的大量富有志向的歌手、演员和时尚设计者。第二，由于在消费前，消费者缺少完整的产品信息，特定产品的成功具有极端的不确定性。这两个特征由于在一个持续产品过度生产的系统里，差异的看门人（gatekeepers）限制了文化产品被消费者接触。Mirva Peltoniemi（2015）则总结出与四个假设与文化产业及需求相关的四个基本假设。（1）文化商品是体验性的，消费者有寻求新奇的欲望。（2）许多文化产业是报酬递增。例如，生产一个电影等，可能成本很高昂，但进一步地复制其成本则可以忽略不计。

(3) 销售上极端差异,换句话说,即产品成功或失败的可能性差异大。(4) 需求是不可预测的 ("Nobody know anything",没有人能在事先知道任何事),因此,不可能预测其成功。

对文化产业的研究涉及多个学科领域。Hesmondhalgh 和 Baker (2011) 在三个方面进行了区分:(1) 文化的政治经济学,涉及文化生产如何被资助支持和组织,以及这些对权力和社会公正的影响;(2) 文化生产所特有的组织、商业和管理研究,包括变革、组织结构和创意劳动管理;(3) 文化研究致力于研究作为一种社会现象的流行文化。

文化产业产品层面的研究,其目的在于解释为什么有些产品能够触达消费者市场,而另一些则不能,以及它们所做的差异化的促销。文化产业组织层面的研究目标旨在探索文化生产的组织互动,以及它对最终产品的影响。在产业层面,那些研究致力于揭示产业结构对创意结果的影响。总之,那些研究方向包含对现存的文化生产系统如何保证和限制创造力的研究。

本研究将致力于整合产品、组织和产业等多个层面,探讨文化产品、文化企业在跨文化国际营销过程中经济绩效、社会绩效的创造。

(二) 跨行业国际经营

跨行业国际经营指企业、产业跨越国界在一个国家以上的纵向一体化(产供销)和横向多元化经营的过程,以及跨越多个产业与其他产业融合渗透。文化产业跨行业经营是全球化及传媒通信、数字技术融合背景下,通过文化产业、企业实施集中化、规模化战略,提升文化产业国际竞争力、促进文化产业与关联产业融合,并达成国家、区域营销,产品服务营销,及促进经济向创意经济跃迁的过程。

"行业"是表明国民经济活动主体性质的概念。它着重标明以社会分工为基础的国民经济活动的主体内容,是国民经济活动中各类主体之社会分工的集合。同行业即具有相同生产要素(劳动者、劳动对象、劳动资料)的经营主体的集合。如商业零售、广告、出版、影视、动漫、博物馆属于不同的行业。"行业"与"部门""产业"具有一定联系。1979年出版的《辞海》中"行业"和"部门"两个词的定义较为含糊。它把"行业"定义为"职业的类别"(1979),把"部门"定义为"国民经济中因社会分工而形成的同类职能的企业、事业单位的总和"(1979);《现代汉语词典》中,"行业"是"工商业中的类别'(1979),"部门"被定义为"组成某一整体的部分或单位"(1979);在中国,"部门"更强调国民经济活动的行政性分类与组织。社会分工仅仅是确定部门划分的因素之一,几个行业可划为一个部门。因此,部门是比行业更宽广的外延。"行业"不能包容"部门",但"部门"却可以包容"行业"。产业是按照规模经济和范围经济要求集成起来的行业群体。国民经济各行业划分为第一产业、第二产业、第三产业。

跨行业除了包含纵向一体化(产供销)内涵,跨行业经营主要是横向的多元化经营的过程,以及跨越多个产业向第一、第二、第三产业融合渗透。十五大报告英文稿涉及"跨行业"这个概念时,用的是"inter-trade"这个词(1997)。1998年国务院实施行政机构改革之前设置的上百个部委,其中多数专业部是按行业相近原则设置的。因此,"跨行业"的实质是"跨部门"。而"跨部门"的实质则是打破行政性封锁与部门分割,实现国民经济的应有发展与跨越。1998年国务院实施行政机构改革之前所曾设立的上百个部委,其中多数专业部是按行业相近原则设置的。国际上产业和企业跨行业发展的动因在于合作研究开发、企业声望、集中和壮大(提升竞争力和规模化)。而文化产业跨行业经营的动因主要是集中化、规模化、提升竞争力和企业声望。关于度量指标，文化产业及企业的跨行业经营水平，可用产业集中度、文化企业盈利点数量、内容产品和衍生产品数量及经营额等指标度量。

对于文化产业而言，则表示演艺、音像出版、影视、动漫、博物馆等不同行业企业的纵向一体化（产供销）及横向的多元化国际经营。

"跨行业"是一种能够以较低的成本实现资本迅速扩张的企业发展模式。当一个企业面临外部竞争压力，迫切需要通过资本的迅速扩张来分享或抢占某些市场份额时，组建"跨行业"企业集团就是一个最便捷的手段。近一二十年来国内企业组建的"跨行业"企业集团。

文化企业与关联产业企业在行业间展开的资本集中与积聚、技术的提高，以实现规模优势、营造持续竞争优势的行为，其实质是横向的联合，是在行业之间展开的资本联合、技术融合和经营合作的过程。

在经济全球化、市场国际化、竞争深层化、产品技术含量高度化的大背景下，本部门、本地区经济内部乃至一国范围内，较为有利可图的投资场所越来越少。一个企业要想在日益激烈的市场竞争中站得更稳并能够获得更多的长期收益，跨所有制、跨部门、跨地区甚至跨国家的联合投资与经营，就是必然的和合乎逻辑的。股份公司的出现就与"跨所有制"直接相关。大型跨国文化公司的出现本身就是"跨国经营"的一个主要成果。

（三）文化产业跨行业国际营销

文化产业跨行业国际营销即一国政府、文化企业及文化组织作为国家营销、区域营销、产品服务营销的战略主体在对外文化交流传播、文化贸易、国际经营中基于国际竞争环境、需求特征和自身资源能力分析，利用系统的文化输出提升国家、区域、产品服务国际形象所采取的体系化的营销战略及策略组合。

二 文献评述

当今时代，作为现代经济存在方式的文化产业，日益呈现规模化、国际化的发展趋势。文化产业的发展越过单一的产业边界，促进了经济、技术、政治的内在关系逐步深化及相互融合渗透。随着经济中的文化含量和文化中的经济社会穿透力不断提高，文化产业对区域国际分工地位及经济社会的可持续发展具有了更为重要的战略先导作用。

国内外学者分别从不同角度揭示了全球化时代政治与经济、经济与文化、文化产业与传统产业的融合发展趋势及其对文化产业跨行业跨地区经营战略实施的重要影响。

现有的研究主要从文化产业内涵构成、产业关联带动作用、产品价值增值功能及国际文化软实力的提升等方面揭示了文化产业跨行业、国际化运作特性及功能。

（1）国内外学者分别从文化产业内涵、构成等方面揭示了全球化、产业融合背景下文化产业国际化、跨行业发展趋势及经济发展的文化化、创意化趋势。日本学者日下公人（1989）在《文化产业论》中采用了"文化产业化"这一概念，其内涵不仅是文化产业化，而且还涉及相关产业的"文化化"。而高宏宇（2007）进一步分析指出，所谓"文化产业化"即文化艺术自身的产业化，而产业的文化即工业和传统产业中融入文化艺术的要素，转化为建设性及创造性的产业型态，提高产业商品或服务的附加值，促进相关产业振兴并带动区域发展。经由两种模式的融合，从而促进文化产业的兴盛发展。Pratt（1997）指出，现在必须将经济发展的导向确定为文化（创意）产业。即未来的产业战略选择必然是文化（创意）产业。

台湾学者詹宏志（2005）在分析企业的"产业文化化"时指出，文化创意产业，并不是一个垂直的产业类型，而是企业附加值的一环，即每一种产业里，依靠创意、灵敏度，以及技术深度、美学造诣，如通过设计、知识、专利、形象等均可生产差异而产生产值，这就是水平概念的文化创意产业。文化创意产业出现在各种产业、行业中附加值最大的前端与尾端。因此，每个行业都可以是创意产业。中国学者侯博（2009）认为，文化创意产业中既有设计、研发、制造等生产活动领域的内容，也有传统"三产"中的一般服务业，更有艺术、文化、信息、休闲、娱乐等精神心理性服务活动的内容，是城市经济和产业融合发展的新载体。

（2）中外学者的研究揭示了文化、新闻传播对传统产业的关联带动作用。

美国著名国际政治学者摩根索（Hans J. Morgenthau）在其名著《国际政治学》（Politics among Nations，1966 年第四版，与他人合作）中指出，在对外文化领域，美国通过实施文化渗透战略"我们所谓的文化帝国主义"，对征服、控制人们心灵及影响国家间政治权力、经济关系产生了的巨大作用。20 世纪 70 年代，第三世界不结盟、反霸权运动学者的著名学者辛格哈姆（A. W. Singham）和胡内（ShirleyHone）指出，国际传播体系通过强调西方喜欢的经济体系，忽视其缺陷，以及通过国际广告影响南方国家的饮食习惯及消费方式，从而改变国际贸易的内容和结构。金碚等（2007）的研究认为，中国通过在国外（特别是欧美）主流人群中有影响力的传媒（包括报刊、电视、广播）进行文化传播是提高中国制造业国际竞争力的重要保障条件之一。

（3）中国学者研究了文化产业对传统产品价值提升、产业升级的重要促进作用。

侯博（2009）从资源的视角揭示了文化创意产业通过"越界"促成不同行业、不同领域的重组与合作。这种越界主要是面对第二产业的升级调整，第三产业即服务业的细分，打破二、三产业的原有界限。通过越界，寻找融合二、三产业的新的增长点，实现创意化、高端化、增值服务化，并推动文化与经济发展。

中国学者厉无畏等（2009）关注到文化创意产业与传统产业的融合渗透，及其对产业发展模式创新、经济增长方式转变的影响。胡晓鹏研究指出，文化资本、创意资本通过不同行业、不同企业乃至产品的全面渗透，可以显著改变传统产业的内容，成为产品价值和生产流程的构成部分，进而提高产品的差异化程度，增加产品附加值和企业的生产能力、降低企业单位生产成本、延长产品生命周期，并"赋予产业升级以新的内容"。

中外学者通过国际比较和案例研究，论证了文化产业对提升国家形象及国际软实力具有重要影响，以及政府政策对文化产业、关联产业及区域协调发展的带动作用。菲利普·科特勒（2003）最早提出用合理规范的方法使雄心勃勃的国家以经济的方式来实现国家显著度目标和形象目标的国家营销理论。汪涛等认为树立国家形象是国家营销的核心内容，并提出以经济的、文化的方式，以及以科技、创意产品为载体来传播自己的国家形象。孔同（2007）、杜冰（2005）在对韩国传媒业发展策略的研究中指出，韩国通过政策、税收等方面的优惠，推动传媒产业向国外输出电视剧、电影，提高了韩国在国际影视剧市场的占有率，带动了旅游业及衍生产品的销售，推动了全国经济的增长。更重要的是使韩国文化得到世界认同，提高了国家的影响力。林如鹏等（2009）、顾江等（2006）等分别研究了西方文化产业跨行业跨地区发展的主要途径，中国江苏文化产业跨行业跨地区发展现状、问题、市场、体制壁垒及融资、法律等方面的制度阻碍，提出打破行政地域界限，实现资源跨地区整合，形成产业集聚效应，延长产业链条，缩小南北经济发展差距，促进区域文化产业的整体协调发展。

中外学者的相关研究为进一步探讨文化产业跨行业国际经营奠定了基础。现有研究方法、视角和内容具有以下特征。

（1）偏重于一般性的定性描述和经验总结，缺少定量和系统研究方法，导致相关研究结果缺少理论建构，因而难以与国际前沿研究接轨，并为现实的政策设计和产业实践提供理论借鉴和基础。未来的研究将向系统化、定量研究发展，特别是在实证研究与定性分析结合的基础上，重视相关理论构建。

（2）现有关于文化产业跨行业发展的研究仅限于国内及区域性的现状及对策分析，缺少国际经营视野。而文化产业经营战略研究，缺少跨行业、融合发展的视角。未来的发展方向必将同时注重研究的国际视野及融合发展的理念，基于文化产业运作中通过代表性企业、产品及品牌、国家文化展示传播、文化生态效应创造等可提升国家形象的假设，探索文化产业与国家营销的相关关系，并在此基础上提出操作性、对策性的政策建议。

（3）现有的研究较多地分析了文化产业运作的产品（服务）营销功能，而对当代政治与经济、文化产业与传统产业融合发展背景下文化产业跨行业、国际化运作特性及其国家营销、"原产国效应"创造功能缺少国际比较和系统研究，因而影响主管部门政策设计及指导；未来研究有必要基于文化产业跨行业国际运作的国家营销和"原产国效应"创造功能，提出文化产业与关联产业协同、提升产业国际分工地位，促进区域协调、可持续发展的具体策略和建议。

本研究融合微观和宏观两个视角，在分析文化产业跨行业、全球运作特性、功能的基础上，为全球化、信息经济背景下中国文化产业发展及国际经营提出针对性、可操作的策略建议。

参考文献

［1］ Williams Raymond (1981). Culture. London：Fontana.

［2］［美］大卫·赫斯蒙德夫：《文化产业》，张菲娜译，中国人民大学出版社 2007 年版，第 12—13 页。

［3］ Hirsch, P. M. (1972). Processing fads and fashions：an organization-set analysis of cultural industry systems. *The American Journal of Sociology*, 77, pp. 639 – 659.

［4］ Power, D. (2002). "Cultural industries" in Sweden：an assessment of their place in the Swedish economy. *Conomic Geography*, 78, pp. 103 – 127.

［5］ De Fillippi, R., Grabher, G. and Jones, C. (2007). Introduction to paradoxes of creativity：managerial and organizational challenges in the cultural economy. *Journal of Organizational Behavior*, 28, pp. 511 – 521.

［6］ Throsby, D. (2001). *Economics and Culture*. Cambridge：Cambridge University Press.

［7］ Markusen, A., Wassail, G. H., DeNatale, D. and Cohen, R. (2008). Defining the creative economy：industry and occupational approaches. *Economic Development Quarterly*, 22, pp. 24 – 45.

［8］ Bourdieu, P. (1984). *Distinction：A Social Critique of the Judgment of Taste*. Cambridge, MA：Harvard Univ. Press.

［9］ Scott, A. J. (1999). The cultural economy：geography and the creative field. *Media Culture & Society*, 21, pp. 807 – 817.

［10］ Cowen, T. (2000). *In Praise of Commercial Culture*.

Cambridge, MA: Harvard University Press.

[11] Lampel, J. and Shamsie, J. (2000). Critical push: strategies for creating momentum in the motion picture industry. *Journal of Management*, 26, pp. 233 – 257.

[12] Peltoniemi, Mirva (2015). Cultural industries: Product-Market, Characteristics, Management Challenges and Industry Dynamics. *International Journal of Management Reviews*. Jan., Vol. 17, Issue 1, pp. 41 – 68.

[13] Hesmondhalgh, D. and Baker, S. (2011). *Creative Labour: Media Work in Three Cultural Industries*. New York, NY: Taylor & Francis.

[14]《辞海》,上海辞书出版社1979年版,第1821页。

[15]《辞海》,上海辞书出版社1979年版,第1036页。

[16]《现代汉语词典》,商务印书馆1979年版,第436页。

[17]《现代汉语词典》,商务印书馆1979年版,第87页。

[18] China Daily,1997年9月23日第3版。

[19] [日] 日下公人:《新文化产业论》,范作申译,东方出版社1989年版,第38—39页。

[20] Pratt, Andy C. (1997). Production values: from cultural industries to the governance of culture. *Environment and Planning A*, 29 (11): 1911 – 1917.

[21] 詹宏志:《台湾的下一个繁荣,在创意产业》,《数位时代双周》,http://www.idea.chndesign.com/view/6056.html,[2005 – 08 – 09]。

[22] Hnns Morgenthau, Kenneth W. Thompson, David Clinton. *Politics Among Nations*, McGraw-Hill Humanities, 1966.

[23] A. W. Singham, Shirley Hone. Namibian independence—a

global responsibility. Westport, Connell. Hill, 1986.

［24］金碚、李钢、陈志:《中国制造业国际竞争力现状分析及提升对策》,《财贸经济》2007年第3期,第3—10页。

［25］厉无畏、王慧敏:《创意产业促进经济增长方式转变》,《中国工业经济》2006年第11期,第5—13页。

［26］胡晓鹏:《基于资本属性的文化创意产业研究》,《中国工业经济》2006年第12期,第5—12页。

［27］［美］菲利普·科特勒:《国家营销》,俞利军译,华夏出版社2003年版。

［28］孔同:《从韩国传媒产业发展看国家软实力增强》,《传媒》2007年第4期,第66—67页。

［29］杜冰:《韩国文化产业发展现状》,《国际资料信息》2005年第10期,第25—28页。

［30］林如鹏、顾宇:《媒介融合背景下的报网融合探析》,《暨南学报》(哲学社会科学版)2009年第1期,第125—131页。

［31］顾江、邹亚军、陈海宁:《江苏省文化产业区域协调发展战略》,《江苏社会科学》2006年第1期,第233—236页。

［32］侯博:《基于资源的文化创意产业研究》,博士学位论文,中国地质大学,2009年。

第二章

文化"走出去"国际营销：
缘起及内涵分析

文化"走出去"国际营销是指文化主体借助文化输出展示塑造国家形象、产品服务形象并达成国家（区域）营销、产品服务营销双重目标的系统的战略及策略组合。文化"走出去"国际营销根源于文化的内在特性、民族国家及企业的文化展示、营销活动，以及学术界对"来源国形象"及其来源的理论探讨。

一 "文化：一种独特的商业形式？"

学术界对"文化"有不同的定义。广义的文化是指人类创造的一切物质产品和精神产品的总和。在此意义上，可以用一个民族的生活形式来指称它的文化。狭义的文化专指语言、文学、艺术及一切意识形态在内的精神产品，通常文化包括文字、语言、地域、音乐、文学、绘画、雕塑、戏剧、电影等。英国人类学家爱德华·泰勒（1832—1917）在其《原始文化》一书中指出："据人种志学的观点来看，文化或文明是一个复杂的整体，它包括知识、信仰、艺术、伦理道德、法律、风俗和作为一个社会成员的人通过学习而获得的任何其他能力和习惯。"（爱德华·泰勒，1992）联合国教科文组织在《世界文化多样性宣言》前言中将文化定义为"社会或社会群体独有的一套精神、物质、智慧和情感方面的特征,除了文学艺术之外,还包括生产方式、合居形式、价值体系、传统和信仰"。在经济学的范畴,戴维·思罗斯比指出"文化"一词在两个特定含义中的使用:"在广泛的人类学或社会学的领域,指任何族群共有或同享的一套看法、信仰、风俗、习惯、价值和常规。"从更加功能的角度,"指人们从事某些活动,以及那些活动的成果,而且必须与人类生活的智力、道德和艺术方面有关"。美国文化人类学家克罗伯和 K. 科拉克洪在 1952 年发表的《文化:一个概念定义的考评》中,分析考察了 100 多种文化定义,然后他们对文化下了一个综合定义:"文化存在于各种内隐的和外显的模式之中,借助符号的运用得以学习与传播,并构成人类群体的特殊成就,这些成就包括他们制造物品的各种具体式样,文化的基本要素是传统(通过历史衍生和由选择得到的)思想观念和价值,其中尤以价值观最为重要。"克罗伯和科拉克洪的文化定义为现代西方许多学者所接受。根据这些定义,文化既可指艺术活动的具体成果,又可以指确定性更低的观念或生活方式。

体现为商品形态的文化,即文化商品,指用于交换的文化产品和文化服务。按照国际上一些贸易研究机构和专家的划分,文化商品包括内容产品、文化服务的软件文化产品,如广播电视节目,电影动画片和故事片,印刷品,出版物,视听艺术,表演艺术,载有文化艺术内容的光盘、视盘和多媒体,娱乐,会展等,也包含生产、储存、传播文化内容物态载体的"硬件"产品,如摄影器材、视听设备、影视器材、舞美设备、游戏和娱乐器材、艺术创造和表达的工具等。此外,有些蕴含文化要素的产品和衍生产品也包含在文化产品中,如一些兼有经济和文化价值(如审美、精神、历史、象征意义和本原性等形式的)的货物和服务。在很多国家,玩具、服饰、家具、化妆品等因其蕴含文化、历史、地理、设计等元素也被列入文化产品和文化产业中。这些产品的文化价值，不仅体现在产品的性质上，或者由谁生产的，还体现在它是如何生产或消费，或体现在它对本地特征发生影响的方式上。例如，某些国家、地域通过独特传统加工工艺制作的香水。

综上所述，文化不是一般商品。文化具有经济和意识形态的双重属性，并且其精神价值超过了商业价值。文化商品和服务传达着观念、价值和生活方式，反映了一个国家的多重身份及其公民创新的多样性。为促进各民族文化发展和保护文化多样性，并回应国际贸易中对文化及文化产品独特属性的相关争议，1999年，联合国教科文组织曾召集有关专家讨论"文化：一种独特的商业形式？"，并取得了普遍的共识："文化不仅仅是一个经济事件或一个经济学的概念。"

二 文化内在的表达、沟通交流及展示价值

广义上，文化是特定社群、区域及民族国家人们的生存方式，是一个国家或民族，社群的历史、地理、风土人情、传统习俗、生活方式、文学艺术、行为规范、思维方式、价值观念等。其多样性、区域性及交流、展示的特性，为文化走出去进行国际营销奠定了基础。

（一）文化是多样化种族各自生活方式、价值观念的独特表达

文化具有区域性、多样性特征。文化是特定民族、地区或社区在其发展过程中逐步积累起来的跟自身生活相关的知识或经验，是其适应自然或周围环境的体现。不同的地理位置，对应的生态环境是不一样的，必然会造成认知、生活方式、价值观念等

方面的差异。因此，区域文化的差异，产生了多样化的文化表达形式。

文化是不同地区、国家、民族人们生活观念、价值体系的独特表达。世界上每个民族、每个国家都有自己独特的文化，民族文化是民族身份的重要标志或标识。不同的民族、国家、社群类型，对应的文化是不同的，具体表现为语言、食物、居住地、认知及思维方式、价值观念等差异。认同本民族、本地区文化，尊重其他民族、其他区域文化，相互借鉴和交流，求同存异，尊重世界文化多样性，促进人类文明的共同繁荣进步，是每个国家、地区及民族社群应承担的责任。

（二）文化内在的交流展示功能

在探讨政府是否需要有专门歧视或限制外国文化产品，促进或保护本国文化产业的文化政策措施这一问题时，美国学者贝克曾提出两种不同的文化概念（Baker Edward，2000）。首先是"对话"意义上的文化。文化为一种"表达"的工具或传导和播撒"价值和思想"的工具。文化是社群成员之间一种交流手段。文化及文化产业的存在，其价值在于从"对话的"意义，为一个社群的成员在形成本社群的特征和价值的过程中提供相互交谈的机会。对话的概念，"目标是保持（或开启）活跃的地方文化交谈。而这个目标，要求保存或建立文化产业"。没有地方文化产业，地方文化的宣讲人便可能无从宣讲。从另一个角度讲，文化和文化产品在促进政治观点多元化进而发展有效的民主制度方面具有重要的作用。

在跨国文化交流及文化贸易中，不同文化、区域之间相互影响，一方面创造了国际文化交流对话的契机，对当地文化繁荣提供了多样化的文化要素。但另一方面，特定地区人们的认知、生活方式、价值观念等会受外国产品的影响而发生改变。

贝克的另一文化概念，即"博物馆"的意义上的文化。这个概念着眼于其承载的特定文化内容。即着眼于有独特性的元素，如录音当中使用的乐器或电影或歌曲中使用的语言。另外，由于文化产品常常传递信息和故事，那些故事便可能在广泛的方面反映一种特定的文化。如故事的背景以一个国家中能被认得出的地方，故事中的人物有特定的国籍。人物可能参加一些为一个国家所特有的仪式或消遣。他们可能吃该国或该国一个地区所特有的食品，而且他们可能穿着该国特有的服装。"博物馆"意义上的文化，可以是特定地区、国家、种族文化表现形式、生活方式、价值观念的全方位保存、展示及呈现。如电影对本国文化的保护、保存及展示，不是根据制作者的国籍或电影中"故事情节"以外的其他方面，而是根据情节本身所包含的元素，如音乐、舞蹈、服装、饮食、建筑等。

在"博物馆"意义上，文化及文化产品是保存、保护和展示一个文化社群、特定地区或特定民族、国家物质文明及象征体系的重要形式。

文化及文化产品对文化社群、特定地区或特定民族、国家物质文明及象征体系保存，构成文化表达、沟通交流的前提和基础。

三 文化"走出去"国际营销的内涵分析

文化"走出去"国际营销本质上是文化多样性前提下区域、民族国家独特的文化表达和国际化的文化交流，以及国家营销、产品服务营销文化方式。

（一）文化多样性前提下民族国家文化的国际化表达和对话

根据2005年联合国教科文组织大会通过的《保护和促进文化

表现形式多样性公约》，"文化多样性"被定义为各群体和社会借以表现其文化的多种不同形式。这些表现形式在他们内部及其间传承。文化多样性不仅体现在人类文化遗产通过丰富多彩的文化表现形式来表达、弘扬和传承的多种方式，也体现在借助各种方式和技术进行的艺术创造、生产、传播、销售和消费的多种方式。如同生物的多样性，文化多样性是人类社会的基本特征，也是人类文明进步的重要动力。

如前所述，文化是特定社群、区域及民族国家人们的生活生存方式，也是特定社群、种族的重要标识。政府、企业、个人等不同的文化主体通过文化产品、文化传媒对外输出本国、本民族文化，展示本民族国家或社群的历史地理、风土人情、传统习俗、文学艺术、行为规范和思维方式等，正是各民族国家生活方式、价值观念独特表达的有效途径，也是区域、民族国家参与国际交流、对话并为世界文化多样性做出自己独特贡献的重要方式。

文化表达也是文化多样化前提下各民族国家、文化思想的表现形式。每个国家、民族、个人都拥有自由表达的权力。这个权力包括自由地寻求、接受和传授各种信息和思想，没有疆界限制，无论口头、书写或印刷，以艺术的形式，或通过其自己选择的任何其他媒介。不同的国家和民族都有值得本民族骄傲的文化历史和文化表达的演进历程。也因此，不同文化诞生出不同文化表现形式并共同汇聚成世界文化的海洋，使得全球文化遗产得到丰富。

文化"走出去"文化表达主要包括文化内容和文化内容的表达形式。文化内容包括电影、录像、录音、图像和文字。主要是起源于个体、团体和社群的独创性、表现文化特征的象征性含义、艺术特点和文化价值。文化内容表达包括文化内容的创作、制作、发行、交流、展出和销售。

全球化、国际化背景下，民族国家、社群有充分的文化表达，本身就是一个重要的发展目标。文化活动、货物和服务作为特征、价值和意义传导的独特性，是表现本土意识、价值理念的最好方式。音乐出品、电影、电视节目、图书、艺术等传导本民族文化，对促进民族间认知和认同，增进对特定社群价值、生命意义的理解，以及增进世界各民族对多样化价值和生活方式的理解，其本身即是值得追求的目标。

（二）以文化方式达成国家营销、产品服务营销目标

自觉的文化"走出去"战略选择和实施，是以文化传媒企业为组织网络和传播体系、以文化产品和衍生产品为内容载体或中介，通过代表性文化产品、品牌和创意明星展示传播、提升来源国国家形象、产品服务形象并创造"来源国效应"。

首先，国际化的传媒文化企业是国家形象、产品服务形象传播主体。文化企业属于第三产业中的信息产业。其国际化运作包括组织机构、传媒网络、经营渠道等基础设施、渠道的国际化扩张和以内容产品为载体的国际化传播和营销。尤其是大型传媒集团或跨国公司具有雄厚的经济实力和技术实力，而且具有纵向完整的产业链和横向庞大的跨媒体传播营销网络，不仅是全球文化经济活动的微观主体，也是民族文化、国家形象、产品服务形象展示传播的主体。

其次，文化产品是国家形象、产品服务形象传播载体。内容产品及品牌输出展示特定国家、区域形象和产品服务特色，影响消费者对一个地区、一个国家的认知，有利于促进他国观众对本国文化及政策的深入理解和认同，并形成与其产品类型、品牌内涵相关联的来源国或原创国家的形象。

再次，文化企业、文化品牌、文化产品的来源国效应创造功能。特定国家的跨国企业、原创地文化产品和品牌，总是与其母国

或来源国特殊的地理位置、历史文化及区域、国家经济、政治特色认知联系在一起的，是一国文化繁荣、创意产业发展水准及国际形象卓著的重要象征，因而具有区别于其他原创地显著的特征和类似于原产地的声誉效应。如时代华纳、维旺迪、韩剧、好莱坞的大片、意大利歌剧、京剧、苏州评弹，都是由该国的地理环境、原创地名称、自然和人文化因素所决定的国家、地区或地方文化产品，对其来源地有着重要的声誉效应。

最后，文化"走出去"提升文化产品价值、关联产业产品价值。文化产品和衍生产品进入国外市场展示来源国文化产品、其他产业产品民族、区域特色或设计风格，从而对其他国家消费者产生吸引力。某些本国市场消费者司空见惯、平淡无奇的产品，或某些在本国已饱和或已无市场价值的产品，在异国市场上通过有效的营销手段，也会因其独特的文化魅力而焕发价值活力，延长产品的生命周期。更重要的是，跨国经营的大型跨国公司或文化企业以品牌、商标、形象、文化符号等文化要素为主导设计延展产业价值链，整合技术要素和产业资本，避免了依赖单一或分散的国家资源的限制，而且在国与国之间建立起一种更高效地利用并整合全球要素的分工体系，文化产业超越自身产业边界，实现文化与经济、文化产业与传统产业融合，提升了关联产业产品服务的文化价值，带动经济向"创意经济"跃迁。

四 文化"走出去"国际营销的实践渊源和理论渊源

文化"走出去"国际营销的实践渊源可追溯至远古国家凭借炫耀和仪式展示国家财富及实力、放大国家形象的文化活动。如通过向民众和国外使者、来访者展示艺术或国家遗产等各种形式去构建民族国家"想象的共同体",并提升国家声誉。第二次世界大战前夕,由于意识到文化对国民精神的鼓舞作用,英国政府把文化管理纳入国家管理体制。其目标是以公共外交的形式如推广语言、开展教学、配合战时宣传、实施战地服务等一系列活动保护英国利益和对内对外的影响力。为改变外部世界对美国的"观念",在20世纪50年代,美国即开始了面向海外的"宣传"(propaganda)或信息、情报活动(Oren Stephens,1955)。美国启动了一系列由政府发起的对外交流传播项目,利用国际广播(如美国之音、自由欧洲之声、自由亚洲之声和面向阿拉伯国家的萨瓦电台)、互联网等信息传播手段,获悉并影响其他国家的舆论,减少其他国家政府和民众对美国的错误观念,提高美国在国外公众心目中的形象和影响力,进而增加美国的国家利益(唐小松、王义桅,2003)。而好莱坞企业及电影的商业意识形态策略以其独特的商业娱乐模式、普世价值和"共鸣述事",在传播塑造美国精神观念、理想模式、生活方式的同时,影响了无数观影者个人文化价值、行为选择模式的建构,从而形成了自身可持续发展的文化路线(蓝爱国,2008)。

文化"走出去"国际营销的理论渊源植根于产品国际贸易中对"来源国效应"(Source Country Effect)及来源国形象(Country of Origin Image)构成维度的研究。早期的研究主要从产品线索探讨了与"Made in"或制造业产品相联系的原产国形象("Made in" Image)及其对消费者购买意向影响的研究。如Bikey、Nes(1982)等指出原产国的形象与制造业产品认知密切相关,并将原产国的形象定义为消费者对某一国家产品质量所产生的全面认知,这种认知对消费者购买意向起很大作用。Nagashima(1970)将国家形象定义为"企业家或消费者对某一国家产品所持有的形象、评价及固有观念"。除产品外,大多数学者认为来源国的形象形成与一国政治、经济、传统、自然等多方面因素相联系。如Bannister和Saunders

(1978)、Desborde（1990）等认为国家形象或来源国的形象是对一国产品、经济、政治发展水平、历史事件及关系、传统、工业化和技术工艺的总体认知。国家形象是通过代表性的产品、国家特征、政治和经济背景、历史和传统等因素来形成。近年来，张辉等（2011）将来源国研究延伸到服务领域，所谓服务来源国指消费者所持有的与某国相联系的总体服务水平及来自该国的服务企业提供适当服务体验能力的印象。

20世纪末21世纪初，为适应企业跨国经营削弱或强化来源国效应的需要，学者们从消费者处理信息的角度分析消费者知识、品牌等对来源国效应的调节作用，国家形象认知、改善、国家品牌建设也进入理论研究视域（Martin et al., 1993, Jaffe, Nebenzahl, 2001）。菲利普·科特勒（2003）最早提出用合理规范的方法使雄心勃勃的国家以经济的方式来实现国家的显著程度目标和形象目标的国家营销理论。他将营销战略管理的方法应用到国家经济管理战略上，国家营销即国家作为行为主体基于国际环境分析进行自我宣传、沟通和服务影响国际社会或目标国家的内在观念与行为决策。汪涛（2010）等认为树立国家形象是国家营销的核心内容，他从认知的角度，指出国家形象是人们对一地方的一贯认知和印象的总和，是与该国有关的许多联想与信息的缩影，并提出以经济、文化的方式，以及以科技、创意产品为载体传播自己的国家形象。

前人关于来源国、"来源国效应"调节因素及"来源国形象"构成维度的研究，分析了产品服务及其文化、传统、政治、经济、自然等因素与一国国家形象的内在关联。本研究将侧重于分析文化企业和组织、文化品牌及产品、创意明星"走出去"对来源国形象、产品服务形象展示、提升的影响，从而揭示以文化方式达成国家营销、产品服务营销双重目标的战略路径。

参考文献

［1］［英］爱德华·泰勒:《原始文化》,连树声译,上海文艺出版社1992年版。

［2］Baker Edward. An Economic Critique of Free Trade in Media Products. *North Carolina Law Review*, 2000, 78: 1357.

［3］Oren Stephens. *Facts to a Candid World.* Stanford University Press, 1955: 37.

［4］唐小松、王义桅:《美国公共外交研究的兴起及其对美国对外政策的反思》,《世界经济与政治》2003年第4期,第22—27页。

［5］蓝爱国:《启示与借鉴——好莱坞的意识形态策略》,《艺术广角》2008年第4期,第4—9页。

［6］Bilkey, W. J., Nes, E. Country-of-origin Effects on Product Evaluations. *Journal of International Business Studies*, 1982, 13 (Spring/Summer): 89–99.

［7］Nagashima A., A Comparison of Japaneseand U. S. Attitudes Toward Foreign Products. *Journal of Marketing Research*, 1970, Vol. 34: 68–74.

［8］张辉、汪涛、刘洪深:《服务产品也存在来源国效应吗》,《财贸经济》2011年第12期,第127—133页。

［9］I. M. Martin, S. Eroglu. Measuring a Multi-Dimensional Construct: Country Image. Journal Business Research, 2X: 191–210.

［10］Jaffe, E. D. and Nebenzahl, I. D., NationalImage and Competitive Advantage: The Theory and Practice of Country-of-Origin Effect. Copenhagen Business School Press, Copenhagen, 2001

(36).

[11][美]菲利普·科特勒:《国家营销》,俞利军译,华夏出版社2003年版。

[12]汪涛、邓劲:《国家营销、国家形象与国家软实力》,《武汉大学学报》(哲学社会科学版)2010年第1期,第249—253页。

第三章

文化产业跨行业国际经营的理论及实践动因

20世纪七八十年代以来各国文化产业跨地区、跨行业国际经营可从经济、技术、理论多个层面找到渊源。

一 文化的财富效应和跨国企业投资策略转向为文化产业跨行业国际经营提供了经济动力

在实践领域，文化产业跨地区、跨行业经营的最重要原因是文化和文化产业在许多经济活动中日益成为财富与工作机会的重要来源。20世纪初开始持续到90年代的资本主义经济大衰退（1974—1975年、1979—1982年、1991—1995年平均增长率尤其严重）犹如催化剂，尤其是新自由主义及市场化的兴起，加速了文化产业早已开启的发展进程。

二战后和二十世纪七八十年代，资本主义低迷，为了维持利润和生产水平，以及文化艺术在西方经济复苏日益显现的重要作用，使发达国家政府和企业开始将眼光从传统大工业转向包括文化产业在内的其他产业。

数据显示，20世纪80年代以来，美、英、法等所有发达工业国家中，文化创意产业增长率已经超过服务经济。文化产业带来了持续增长的经济回报，并逐渐成为一个投资机会和牟利的产业形式，至少在美国和英国，娱乐业已被视为重要的经济部门。美国GDP中，版权产业产值从1977年的3.73%上升到1987年的5.45%，年均增长率为6.3%，是同期美国经济总增长率2.7%的2—3倍。英国1995年创意产业产值占GDP的4%，超过任何传统产业（大卫·赫斯蒙德夫，2007）。创意产业年均增长率都在6%以上，高于同期英国经济年均增长率2.8%。

文化产业也创造了大量工作机会。美国整个版权业的就业人数占全美人数的比例1977年为3.3%（300万人），1996年为5.2%（650万人）；1987—1994年，西班牙文化从业人员上升到24%；1982—1990年，法国文化从业人员上升到36.9%；1980—1994年，德国"制作人与艺术家"的人数上升到23%（大卫·赫斯蒙德夫，2007）；1997—2005年，创意产业成为英国雇佣就业人口的第一大产业，从业人员接近200万人，约占劳动力总数的1/12。

20世纪70—90年代的资本主义经济出现了大衰退。经济衰退及劳动生产率、利润下滑所产生的主要结果之一是企业迈入密集的创新时期，包括投资转向文化产业在内的服务业、国际化和组织创新（集团化、纵向一体化、网络组织、联盟等）。欧美跨国公司向高科技及文化产业转型上表现出令人瞩目的优势。其他产业中的巨型公司，如美国的通用电气和日本的索尼公司，在20世纪80年代向文化生产领域投掷重金并进入文化产业的核心领域，即支配美国文化环境的电视网，如NBC和CBS。这些产业巨擘以前也曾进军文化产业，尤其是20世纪60年代。同时，那些先前进军文化产业的公司规模不断增长，并逐渐开始了文化产业内部的跨产业运作。这意味着文化生产成为雄心勃勃且资源丰富的经济实体的关注点。

而自19世纪50年代，像迪士尼这样的文化企业已开始以文化要素设计延展价值链，向服务和产品经济中渗透，开启了要素分工的新形式和文化产业化、产业文化化的进程。欧美大型文化企业不断涌现。除了设置文化产业标准，这些公司组成力量强大的游说团体，对政府施加影响和压力，以确保有利于营利公司利益的法律和规制的执行。

二 技术融合为文化产业跨行业、跨地区国际经营提供了技术支撑

电信、计算机网络和媒介技术之间的融合，为不同产业部门融合及政策出台提供了技术基础。它包括：①文化形态的融合，即多媒体、数字化形式及宽带传输渠道将音乐、声音、图像和图表等不同成分文化形态集于一身；②以互联网和数字电视竞争为基础的传播技术融合。有线电视、卫星电视、电缆网络、个人电脑等媒介技术日益渗透融合。广播电视、通信和计算机网络处理之间技术壁垒突破，为传媒、电信、计算机、网络和消费类电子企业之间的产权融合打开了通道。如数字电视的引入和作为传播技术的互联网的普及，拥有美国主要数字卫星公司 Direct-TV 的休斯公司（Hughes Corporation）从消费类电子、计算处理和电信领域进入了内容产业市场。

三 理论研究为文化产业跨行业、跨地区国际经营提供了思想动力

理论是现实及实践的反映。作为当代文化产业跨行业、跨地区经营的重要理论支撑包括后现代理论、转型理论和新自由主义思

潮。后现代理论强调克服现代社会文化破碎与分离，重视文化、经济、科学和不同文化领域的彼此贯通、渗透，而艺术和科学、文化与经济就是这种相互融合渗透的场所。后现代理论认为艺术、设计、符号和形象建构与科学一样是后现代经济中日益重要的生产力。科学、文化、艺术之间，电影、哲学、科学之间不再有一条楚河汉界（彼得·科斯洛夫斯基，1999），从20世纪六七十年代开始，丹尼尔·贝尔（Daniel Bell）揭示的后工业社会、曼纽尔·卡斯特斯（Manuel Castells）描述的网络社会等"转型理论"，都注意到符号创意和信息成为社会和经济生活的要素。无论是信息社会、娱乐或体验经济还是基于符号和意义的经济，文化产业都扮演了促进变迁的核心角色。而新自由主义从理论上消解了公有制及特定管制形式的合法性，从而为实践领域的产业及企业跨行业、跨地区经营提供了理论支撑。

此外，戴维·奥斯本（David Osborne）和泰德·盖布勒（Ted Gambler）在《再造政府》（*Reinventing Government*）中提出的"企业型政府"对各国公共管理及文化管理体制领域的变革也产生了深远影响。

四 政府政策变革为文化产业跨行业、跨地区国际经营提供了宏观动力

在西方，包括文化及文化产业在内的所有商业领域政府都进行了干预。民族国家一直通过立法、规制和津贴补助等手段干预文化市场。因其公用事业性质和强大的影响力，广播电视、电信在自由民主国家与独裁国家都是由国家拥有并控制的，美国也不例外。尤其广播和电信历来都是政府从严管制的领域。20世纪70年代以来，西方从严从紧的管制政策被认为是经济低迷的诱因。特别是新自由

主义思潮认为，人类需求只有通过无管制的自由市场才能得到最大限度的满足。由此引出发达国家以市场化、"放松管制"为主导的政治和规制变迁，为文化传播和产业领域的制度变革提供了现实基础。市场化成为文化政策新的基本假设：即在文化生产和消费中，以牟利为目的的文化商品及服务的生产与交换，是获得效益与公平的最好方式。

当企业管理者、理论界重视文化产业及其经济效益的时候，文化产业在社会转型中的作用也日益受到各国政府的关注。

20世纪70—90年代，西方发达国家政府改变传播政策，通过公共事业市场化及放松对媒介和文化的管理，促进商业性文化创意产业的发展，文化政策进入密集的变革创新期。各国政府出现了四次相互叠交的文化政策变迁的浪潮。在这些产业和政策变迁中，美、英等西方发达国家作为政策变革的发源地影响并辐射全球。

表3—1　　　　全球四次相互叠交的文化政策变迁的浪潮

	时间	区域
第一次浪潮	20世纪80年代	美国
第二次浪潮	20世纪80年代中期到90年代中期	其他发达国家
第三次浪潮	1989年以后	美国、欧洲以外的转型混合社会：苏联、东欧、中国、拉丁美洲国家、印度等
第四次浪潮	至今	覆盖所有地区和政体，文化产业、电信和计算机等产业出现集团化趋势

资料来源：笔者根据资料整理。

以英国为例，在英国，从20世纪80年代开始，大伦敦议会就加大了公共文化投入，以求经济振兴和市镇更新。新千年之交，布莱尔政府在通信与媒介上的思想并不是很关心保护并延续"公共利益"。它更关心的是调控市场，使那些设在英国的公司包括 BBC 能够利用其比较优势，并具有更强大的国际竞争力（吉姆·麦圭根，2010）。这一政策导向特别注重整合广播与通信管理机构，以期组建一个统一的传播监管机构（Ofcom），以便把落脚在英国的媒体推向"信息时代"的先锋行业（J. Harding，2000）。

英国通信政策一方面瞄准发展英国的业务；另一方面，它又向国际所有的公司开放国内的商业广播，让新闻集团（News Corp）、维亚康姆（Viacom）之类的公司控制商业广播。英国的广播体系很成功，本土生产和出口能力很强，在世界上排名第二，所以对国际运营商的吸引力很大（Petley，2003）。

英国政府允许鲁伯特·默多克（Rupert Murdoch）购买英国报界相当大一部分的股权，允许他的星空卫视取得卫星广播的主导权，这一决策将产生深远的影响。其他选择也是有的。这是政府有意识的决策。贝尔纳·米耶热将这样的历史事件称为"文化生产的资本化"，这样的事件并非"难以抗拒的趋势"。实际上，从20世纪70年代起，英国和其他很多国家都在推动这样的趋势。其次，在英国和世界上的其他国家，在对待默多克这样的国际营运商和国内的媒体市场时，执政党的颜色似乎并不是很重要（吉姆·麦圭根，2010）。

参考文献

［1］［美］大卫·赫斯蒙德夫：《文化产业》，张菲娜译，中国人民大学出版社2007年版，第105、123页。

［2］［德］彼得·科斯洛夫斯基：《后现代文化——技术发展

的社会文化后果》,毛怡红译,中央编译出版社1999年版,第2—3、161页。

［3］［英］吉姆·麦圭根:《重新思考文化政策》,何道宽译,中国人民大学出版社2010年版,第24、56—57页。

第 四 章

文化产业跨行业国际营销的组织形式、空间形态及联合经济性

文化产业及组织的演进经历了单体企业到跨行业、跨地区国际经营的大型跨国公司的转变，其经营的范围跨越行业、产业、国家的边界，发展为具有多元化、国际化及联合经济性的创意产业组织。

一　从独立的符号创作者到公司形式的专业复合体

雷蒙德·威廉斯（转引自大卫·赫斯蒙德夫，2007）阐述了文化生产发展的三个阶段，并以符号创作者及其与更广泛的社会的关系来为每一个形态命名。

第一个阶段为资助。其自中世纪开始到19世纪早期结束，流行于西方多种体系。如诗人、画家、音乐家等独立的符号创作者，会受到贵族资助、保护和支持。

第二个阶段为专业市场。19世纪初以来，"艺术作品"逐渐开始出售。符号创作行为逐渐被市场组织起来，在这个系统下，越来越多的作品不是直接销售给公众，而是间接地通过中介得以出售：

或是通过发行人，如书商；或是通过"生产中介"。这导致了文化生产中比以前更为复杂的劳动分工。19 世纪末 20 世纪初，随着工业国家中休闲时间和支配收入的大幅增加，发行中介和生产中介更加高度资本化。成功的"符号创作者"获得了"独立的职业地位"，获得的缴税收入也不断增加。

第三个阶段为专业公司时代。从 20 世纪初开始，到 20 世纪 50 年代以后急剧扩张，出现了专业公司。作品的委托生产变得更加专业化和更具组织性。通过酬金和合约，人们不断成为文化公司的直接雇员。除了书籍写作、音乐演出和戏剧表演等旧有形式之外，新的媒介技术出现，如广播、电影和电视，科技涵盖和改变旧有形式，又产生出新的形式。除了直接销售，广告也成为创意作品谋取利润的一个全新且十分重要的方式，而广告本身也逐渐成为一种重要的文化形态。

大卫·赫斯蒙德夫（2007）用专业复合体标注这一形态或时期，这一时代的重要特征之一就是围绕文本生产越来越复杂的社会关系，它描述出一个文化生产的时代，包括公司产权与结构、文化政策和规制，以及传播技术等众多问题。

1939 年，美国前 100 家最大的公司中，有 77 家公司垄断了其所在产业 70% 或以上的生意。到 1979 年，仅 23 家公司就做到了这一点。尽管在 1939 年，前 99 家公司没有一家从事跨产业生产，但到 1979 年，1/4 的公司都遵循多元化或跨行业经营战略（Neil Fligsein，1990：261）。

20 世纪 60 年代的多元化、跨行业、集团化经营趋势体现在以下两个方面：

（1）产业、金融公司及商业公司买断和投资于媒介股份。

（2）20 世纪六七十年代，集团化表现为基于不同利益的一般特大型集团，如石油、矿产和金融服务，买断电影制作室和老电影

"资料库"。在其他产业中，集团化表现为有计划地推行着"融合"和"协同作用"。大型的美国消费类电子制造商，如 IBM、RCA、Xerox（施乐）、GE 和 GTE 买下了图书出版公司，它们期望把图书出版和计算机整合起来。

专业复合体时期的产业结构不仅仅表现为纵向一体化集团的兴起，小公司开始繁殖。文化产品的复制和发行规模越来越大，但文化作品的构思却可以小规模地进行。

20 世纪 50 年代以来文化产业是资助、专业市场和专业复合体以及非市场化形式的文化机构（如国家广播，它兴起于 20 世纪二三十年代，随着 60 年代电视的广泛传播，它继续扩展到全球领域。它是专业复合体时代的一种新兴形式）同存。专业复合体占据统治地位。

20 世纪中期之前，在电影、唱片、广播和电视领域出现了庞大的垄断组织。最著名的垄断者是好莱坞完成了垂直整合（纵向一体化）的八大工作室（studio），包括派拉蒙（Paramount）、20 世纪福克斯（20th Century Fox）、华纳兄弟公司（Warner Bros）、米高梅（Loew's/ MGM）、雷电华（RKO）以及环球集团（Universal）、哥伦比亚影业公司（Colubia）、联美（United Artists）。

名气稍小一些的是唱片产业的垄断者：英国的迪卡（Decca）和百代（EMI），美国的（Columbia & RCA），后者是由华纳兄弟公司和荷兰家电巨人飞利浦（Philips）于第二次世界大战后合并成的。这些公司有许多实现了纵向一体化。它们既生产录音机，也发展新录音技术和重放技术。在无线广播和电视领域，美国的哥伦比亚广播公司（CBS）和国家广播公司（NBC）占据着统治地位。

在专业复合体时代早期也出现了跨媒体产权形式：电影工作室，如米高电影制片公司（Metro-Goldwyn-Mayer）对音乐产业很感兴趣，RCA（Radio Corporation of America，美国著名唱片公司）则拥有自己的唱片公司及 NBC 广播网。

比纵向一体化公司稍低一层，大部分的大型公司主要专注于单一的文化产品。20 世纪 60 年代，重要的改变发生了，集团化（所谓的集团，就是由不同产品和服务的一群公司组成的企业）扩展到文化产业的每一个角落。这是整个文化产业普遍趋势中的一部分。多元化成为 20 世纪 40 年代以来出现于所有产业中的共同趋势。

专业复合体时代最令人震惊、也最为重要的一个特色就是从事文化生产的大型公司不断出现。这些极大型公司如美国无线电公司（Radio Corporation of America，RCP）都是巨型集团企业。这些巨型企业对那些在专业市场时代就已经成为大公司的出版公司和报纸帝国构成巨大竞争。

二 跨行业、跨地区、国际化运作的文化产业组织

从文化产业组织演进的维度看，制作文化产品的舞台过去一直由个人把持，但在文化生产的专业复合体时代，这个舞台几乎总是由一个"项目小组"设计并实施的。

比尔·赖安考察了文化产业的组织维度。他认为文化产品的创作"项目小组"里，各种各样的人扮演着主创人员（如音乐家、编剧、导演、记者、编辑等符号创作者）、技术人员（录音师、摄影师、页面设计等）、创意经理（策划编辑、经纪人和中介等）、所有者和执行者（有权雇佣和解雇人员、规定公司政策整体方向的人）等不同的角色。这涉及图书、电影、杂志、音像和电视等产业领域内部不同职能人员的专业分工。

从专业公司进行文化生产的阶段看，它包括概念构思（设计、实现和艺术加工、写作、作曲等），实施或实物制作（录音棚、电

影和电视上的表演），最终定型（包括电影、图书、杂志的编辑与音乐、电影的混频）、复制（包括母带拷贝、印刷等）和发行（包括广告、包括等市场营销、宣传、零售、展览传播等分发和批发环节）（Bill Ryan，1992）。从各阶段包括的工作看，文化产品生产和经营本身则是一个跨越多种行业、多种空间形态的产业组织形式。

创作自主权，对文化产业绝对重要。好莱坞对电影的构思和拍摄施行了非常严格的控制，但电影导演和编剧在特定电影模式和类型下拥有相当可观的自主权。

从事文化生产的公司对文本创作阶段以后的其他阶段如复制和发行，施加了更加严格的控制。复制阶段具有强烈的产业化色彩，它经常依赖于技术十分复杂的电子系统施加的更加严格的控制，尤其表现在确定电影、书籍、唱片等母本的复制和发行时间上。或者在确定一个节目的播出时间时更是精心策划。把对创作投入的从宽控制和对复制发行的从严控制结合起来，构成了专业复合体时代文化生产独特的组织形式。

三 文化产业的空间聚集与跨行业、跨地区、国际合作网络

（一）文化产业的空间聚集

艾·J. 斯科特（Allen Scott，2010）在城市文化经济学中，阐述了欧美国家处于现代社会领先地位的媒体产业空间形式，研究了法国电影产业的运作逻辑和动力以及它与巴黎广阔城市结构之间的密切联系。在那里生产活动是相对集中的。巴黎文化产业有很多获胜的筹码。它们在很大程度上继续以生产商的集聚网络运转，它们有具有各种精雕细刻的技能的地方劳动力市场作为后盾，并且拥有各种制度基础结构。这种制度结构代表了一种积极的团体互动与协

调的文化，适当加以改革可能会将它们的全部能量释放出来。这些产业还拥有一个别处无法企及的累积起来的符号资本。既有特殊部门的又有特殊地域的。其近年来始终集聚力量，为商业的重新启动提供了更多动力。另外，可能也是最重要的，这些产业拥有的符号意义和消费者诉求的共同韵味，它们的产品通过精心策划的全球联合营销可以获得巨大的潜在协同优势和规模经济。

同样，美国音乐唱片产业主要的创造活力中心稳稳地扎根于洛杉矶和纽约。加州多媒体产业在旧金山湾地区和南加州独特的聚集形式。而中国，主要的文化产业企业集团也都集中分布在北京、上海、南京、杭州、长沙等大城市；动漫产业则聚集在广州、长沙、南京、无锡、苏州、常州等国家级动漫产业基地。

无论是巴黎还是广州、上海或纽约等城市，这些地方的发展，其优势是在全球化的世界中获得经济成功的必要条件。这些优势体现在于一系列灵活的企业网络、产业采用密集产业区的地理形式，提供了各种地方性外部性；文化产业发展可以利用的熟练工人和专业人员的人力资源库，尤其是在创造和设计领域；它以大量在风格、时尚、趣味和名声方面的跨部门协作为其特征。而且它上面有个可为其提供各种专业化服务的制度结构。此外，这些繁荣的产业区域通常还具有三个主要特征，即企业冒险精神、创新能力和适应能力及企业间的合作和相互信任的社会资本。

由此可见，复杂的经济聚集体绝对不可能在完全分散的市场关系基础上跨越时间而成功地实现自身的再生。如果缺乏某些聚集基础，这种集聚体基本上不可能被有效运作。在这些产业基地或文化创意生产园里，政策适当的制度安排作为市场的重要补充，极大地提高了文化产业或文化经济的运行效率。甚至是好莱坞电影产业，看起来似乎主要依靠资本主义市场机制的自由运行，其实它还有相当好的以下列形式存在的公共秩序：有影响力的商业协会（它们与国家及地区的政治决策中心有各种直接的联系)、强大的产业协会、坚固的社会网络、惯例化的行为以及由政府提供扶持性基础设施和资助的机制，所有这些组织或机制从各个方面巩固了产业竞争优势的基础。

(二) 文化企业间的跨行业、跨地区合作网络

在各国文化企业集中或产业聚集区中，各国不同文化产品部门出现了很多高度资本化的大公司，与相对小型的专业化公司形成了共生关系。这些公司表现出控制复杂的大规模国际化销售网络以及利用跨部门创造营销优势的日益增强的能力。

文化产品部门过去一直是少数大企业的竞技场，近些年，许多企业已经开始雄心勃勃地创建了跨部门大企业，这些大企业联合了巴黎以及世界其他地方的文化企业。法国两个主要出版公司，阿谢特集团（Hachette group）和哈瓦斯（Haves Publication）出版公司，控制着多种媒体产业的主要资产，而且它们都拥有各种已确立的品牌，后者包括博尔达斯（Boards）、内森（Nathan）、德洛（Dallas）、拉丰（Affront）、马森（Masson）和拉鲁斯（Larousse）。电视频道、新频道在电影和电视剧制作中占据重要位置。高蒙公司，法国电影三大公司之一，不仅自身是一个重要的电影制作企业，而且拥有大量重要的电影制作和发行公司。这些公司以及文化产品部门其他的大企业通常被组织成准独立的子公司横向联合而成的企业集团，而不是呈自上而下的管理结构，采用这种策略在很大程度上是要保护和提高每个子公司所拥有的独立的商标、标志和名誉。因为只有这样，它们在融资、营销和改行领域获得规模经济的同时才能保留各自构成单元独特的竞争优势。通常它们还会与更大的金融集团相联合（如霞日公司、通用水务公司、哈瓦斯公司或拉加代尔公司），其兴趣远远超出了文化经济范围。像世界其他地方如洛杉

矶、纽约、伦敦等文化产品集聚区那样，如今外国跨国公司在巴黎参与竞争的增长趋势明显。它们通过收购当地公司，或直接建立自己的生产机构，或准许当地企业使用它们的商标进行生产。如出版和唱片制作领域的贝塔斯曼、唱片制作领域的索尼和华纳、服装和香水领域的卡尔文·克莱（Calvin Klein）以及化妆品和香水领域的宝洁（Procter and Gamble）。

法国电影产业的核心是由大量个体所有者控制的专业化企业加上少数大型媒体集团或多功能娱乐公司构成（Cretan，1994；1997）。在向全球发展的同时，后者的兴趣经常超出电影产业，延伸到电视、出版、音乐及其他类型的休闲产业，而且其中许多公司以子公司的形式逐渐被融入了更大的金融产业集团之中。

法国电影产业最大的三个企业是与好莱坞"大公司"类似的垂直一体化组织形式的大公司。但这些法国大公司实际上比好莱坞的同行要小许多。

高蒙公司（Gamut）和百代公司（Path）现在是霞日（Chargers）金融产业集团的一部分。它们的建立可追溯到20世纪之交法国电影产业初创之时；第三个是联合电影总公司（Union General du Cinema，UGG），属于通用税务公司，建立于二次世界大战之后。它们的活动横跨整个生产—发行—放映的各个环节，但是从严格的职能意义上看并没有完全一体化，所有权和合伙关系以松散的结构相结合，而且它们对实际电影制作活动的参与越来越倾向于通过完全或部分拥有子公司的方式来完成。

在美国，音乐唱片业的产业结构与运行呈现相同的跨行业、跨地区网络特征。

1997年，美国唱片的国内销售额为122亿美元。美国唱片公司出口收入与国内市场基本相当。1987—1997年，美国唱片的国内销售额实际增加了160%。国内市场较大收益来自光盘的销售，占总销售额的 83.3%。主要的音乐种类有摇滚乐、蓝调、流行音乐，1997 年它们分别占全部市场份额的 32.5%、14.4%、11.2% 和 10.%。

与其他媒体部门一样，音乐唱片产业被组织成少数的大企业集团或大公司，以及大量所谓的独立公司，这些独立公司大多只启用少量员工。较小的独立公司存在快速的周转率。

大公司完全以高度资本化的跨国公司为代表，它们的股权有代表性地延伸到多种多样的媒体、消费产品和电子部门。这些公司以不断的变化为特点。它们经历了一系列快速的合并、解散和收购。目前 5 个大企业集团主导着美国音乐唱片产业，又主导着较大范围的音乐唱片产业。它们是贝塔斯曼 AG（总部设在德国）、百代集团（总部设在英国）、西格拉姆有限公司（总部设在加拿大）、索尼集团（总部设在日本）和时代华纳公司（总部设在美国）。它们除了拥有其他股权，而且其专业的艺术管理、音乐发行、录制、唱片压制和分销使得它们在美国音乐产业领域八面威风。

四 文化产业跨行业国际经营的联合经济性

信息经济、全球化背景下文化产业的跨行业跨地区经营，是文化产业与传统产业融合，文化产业超越自身产业边界，构造全球产业链，并向"创意产业"跃迁的历程。

创意产业是与创造力、知识产权相关的概念，它超越一般文化产业的含义，不仅注重文化的经济化，更注重产业的文化，更多地强调文化产业与第一产业、第二产业、第三产业的融合和渗透。文化产业跨行业跨地区经营其根本观念是通过"越界"促成不同行业、不同领域的重组与合作，促进文化产业与传统产业融合，文化产业超越自身产业边界，构造全球产业链，并向"创意经济"跃迁的历程。

现用数学模型来表述文化产业与传统产业融合、构建产业价值链的联合经济性生成机理。

现假设价值链仅有两个企业（分别为文化企业和传统产业企业）。各自在规模经济下生产函数为 $Q_1 = f(x_1, x_2, \cdots, x_n)$，$x_1, x_2, \cdots, x_n$ 为企业 1 的生产要素；$Q_2 = f(y_1, y_2, \cdots, y_n)$，$y_1, y_2, \cdots, y_n$ 为企业 2 的生产要素。两个企业的各自核心优势要素为 x_j、y_j。则两个企业融合、联盟后文化价值链系统整体新增净产值近似表达式为：

$$\pi = p_t \Delta A f(x_j, y_j) - (\Delta M + \Delta C)$$

式中，p_t 为融合文化产业和传统产业的文化价值链的产品或服务的市场价格，ΔA 为文化价值链的生产技术水平增量，ΔM 为文化价值链新增的管理成本，ΔC 为文化企业新增的交易费用。由上述表达式推知：

（1）$p_t > p_0$（p_0 设为相应产品的市场平均价格）。文化价值链在产业融合和价值链网络范围内不构成竞争关系，可以垄断价格，因而文化企业产品或劳务价格高于市场平均价格。这就是垄断利润的来源。

（2）$\Delta A > 0$。文化价值链是传统企业和文化企业各自核心优势的整合，创意设计及生产技术水平一般高于原企业创意设计及生产技术水平。这就是前述优势互补产生的共生放大效应。

（3）$\Delta M \to 0$，$\Delta C < 0$，则 $\Delta M + \Delta C \leq 0$

$$\pi = p_t \Delta A f(x_j, y_j) + |\Delta M + \Delta C| > 0$$

这就是说，文化价值链并未增加原企业管理人员数目，各种业务协作可借助网络技术，既节约交易成本（$\Delta C < 0$），又未增加单位产品管理成本（$\Delta M \to 0$），因而 $|\Delta M + \Delta C|$ 就是前述获得的规模经济。

以迪士尼传媒集团产业价值链为例。它以动漫电影制作为源头、以主题公园和媒体网络为主体、以特许经营和衍生消费产品为支干。迪士尼以米老鼠、白雪公主、狮子王等一系列出色的动画、影片，获得全球高额的影院收入，同时发行销售拷贝、录像带和影像出版物。1955年后，迪士尼乐园的建成使迪士尼的经营范围从文化产品和文化产业扩展到主题公园旅游业。此后又成功向日本、法国、中国香港等地扩张，为全球儿童及成人提供体验式娱乐服务。2002年迪士尼乐园的收入占公司总利润的40%。其范围包括餐饮、旅游纪念品、度假村、交通运输和其他服务业。

迪士尼旗下有多家网站，1983、1995年分别在美国、印度开播"迪士尼频道"，并通过与中国台湾博新公司、英国"天空"电视台合作，以及兼并美国广播公司（ABC）等举措，向全球传送自己制作的影片、卡通或购买的节目，同时获得广告收入。迪士尼还通过特许其他厂商使用迪士尼动画形象，获取特许费，如授权国际饮品公司生产销售米老鼠蛋卷冰激凌。迪士尼的衍生消费品包括围绕影视节目开发制作的音像带、旅游产品、玩具、游戏产品、纪念品、服饰书籍等。这些产品在全球销售，广为人知。特许经营和衍生产品的全球营销占迪士尼20%左右的盈利（谢婉若，2006）。

"蓝猫"是中国产品中实施品牌、创意增值路线、构建产业链较为成功的一例。湖南三辰推出的号称世界上最长的动画片《蓝猫淘气3000问》，在国内外1000多家电视台热播的同时，三辰启动了一个庞大的连锁店计划——蓝猫专卖店，以加盟连锁的方式，用极短的时间建立了3000多家主题连锁店。通过生产动画片主角的主题玩具、文具、衣服上市销售获得远高于同类产品的超额利润。三辰的资本主要集中在动画片的制作和拍摄、专卖店系统的设计和管理等高价值领域，而其产品基本是通过OEM的方式获得。蓝猫的持有人三辰公司已拥有16大类6600多个品种的衍生产品，产品拥有包括美国在内的15个国家的海外版权,还有广告、品牌图书及光盘等多个盈利点。2007年"蓝猫"系列动漫产值达到1.2亿元。

"蓝猫"借助动画产业链突破了单向的产业发展形式,产业价值链的构建取代了传统生产链。蓝猫卡通节目在国内电视台及海外市场播出,逐步形成中国最具影响力的原创卡通品牌。在此基础上,"蓝猫"开始品牌授权衍生,拓展特许专卖网络,形成产业集群。"蓝猫"成功地打造出一条以卡通形象为龙头、跨行业的"艺术形象—品牌商标—生产供应—整合营销"的"产业生态链",建成全国性的集影视传媒—工业制造—商业零售为一体的复合型大企业。有专家评价,"如果说福特的工业生产流水线和泰勒的管理模式导致20世纪的工业革命,那么蓝猫的艺术生产流水线将有可能推动一场21世纪的产业革命"。

上述案例可以看到,文化创意产业重塑了传统的产业结构。传统意义上的产业是同类企业的集合,按照研发、生产、销售的一般流程组织生产,形成单向的生产链结构,彼此间缺少横向联系,产业组织以垂直一体化为特征,而文化创意产业的加入,成为其他产业的投入要素(Werner Holzl,2005),文化创意产业是为所有产业提供文化创意服务的产业群,形成集创意设计、生产制造、营销服务于一体的价值体系。在组织形态上,它打破了传统产业的界限,可以同时与不同的产业产生关联,如第一产业、第二产业、第三产业均可与文化产业相互融合。文化产业通过价值链的分配来组织生产流程。从现实形态上看,文化创意处于产业价值链的最高端,形成以创意设计为中心,生产、营销等环节为外围、联结国内外的同心圆的产业组织结构,各个环节之间相互联系、相互影响,具有反馈效应。

文化创意产业在不断积累和扩张的同时,通过融入相关产业价值链环节，显著改变了传统产业的内容，甚至改变了以三大产业为特征的纵向产业格局，这种产业纵向整合的功能也赋予产业升级以新的内容。同时，在培育文化创意资本的过程中，艺术家、经纪人、生产商、销售商等不同的参与者被联结起来，并最终出现了一条横跨不同产业和企业的协作链，而链条中的各个环节涵盖各种类型的具体产业，对于诱发相关产业的发展具有重要的作用。

参考文献

[1]［美］大卫·赫斯蒙德夫：《文化产业》，张菲娜译，中国人民大学出版社2007年版，第105、123页。

[2] Ryan, Bill. (1992). *Marking Capital Culture.* Berlin and New York：Walter de Gruyter：124–134.

[3]［美］艾·J. 斯科特：《城市文化经济学》，董树宝、张宁译，中国人民大学出版社2010年版，第112页。

[4] 李敏：《文化产业全球价值网络的运作特征及功能研究》，《工业技术经济》2010年第8期，第24—27页。

[5] 李敏、李涛：《全球产业链中基于整合能力的中国制造企业价值增值路线研究》，《工业技术经济》2007年第6期，第76—78页。

[6] 谢婉若：《迪斯尼传媒集团产业链经营模式分析》，《时代教育》2006年第12期，第137—138页。

第 五 章

文化产业跨行业国际运作的产品服务营销功能

文化产业跨行业、外向型发展，是一个产业界限日渐模糊，文化资本与技术资本、产业资本整合，产业间融合不断加强的过程，文化产业同新闻传媒、网络传播及传统产业的外延日益延展。电影业、电视业、音像业、出版业、会展业、IT业、旅游业、服装业、玩具业、家电汽车业等相互融合、相互借力，最终实现产品（服务）价值增值、"原产地效应"创造的目的。

一 文化资本与技术资本融合，为技术产品注入文化价值

技术、文化同属于人的精神领域。技术建立在知识文化的基础上。在此意义上，技术与文化、技术生产与知识生产、文化生产紧密相关，甚至两者根本就密不可分。但技术与文化是有区分的。文化的拉丁词根"culture"是培育（Pelage）的意思，如动物、灵魂的培育。文化在其本原意义上同耕种、养殖农业相关。文化是对某种尚无人类时就已存在的东西如植物、动物的培育。技术则创造出无人便不能存在的东西。技术创造人的活动方式，文化则使自然之

物与给下之物得以完善。技术让某种先前遮蔽的东西显现出来,文化则是对本身已经形成的东西进行培育(彼得·科斯洛夫斯基,1999)。

技术资本是可编码的知识,这种可编码性决定了技术可以在人与人之间、国与国之间自由流动。单纯的技术产品同质性强。与此不同,文化资本多为非编码知识或缄默知识(文化)。文化则是缄默知识或黏性知识,它不能够在不同的人与人、国与国之间有效转移。随着信息传递技术的发展,可编码知识(技术创新)的传递成本会随通信技术的发展而迅速下降,甚至其通信成本会接近于零。但缄默知识或黏性知识的传递成本则不会随信息技术的发展而下降,因为这些知识的价值往往与特定的地理位置和人文环境密切相关。文化资本的黏性特征使得各个地区或国家都具有了不可替代的优势。

在文化产业的外向发展过程中,技术资本与文化资本的融合,使知识生产、文化生产与技术生产紧密相联,使处于分离的技术和文化,在更高的层面上融为一体,从而有效地促进了产品的价值增值及实现。而渗透特殊地域、民族文化内涵的技术产品或服务因其既有高技术含量又富含文化意蕴,进入其他国家后,则因其不可复制模仿的独特性和特有的文化价值而被各国消费者所认同。美国文化产业的发展是高科技与美国独特的文化相结合的产物,迪士尼、好莱坞等企业声名卓著,唐老鸭、米老鼠等世界级卡通品牌数十年来盛况不衰,他们不断根据市场需求,向产品和服务中注入创意理念和技术含量,象征美国特色的高科技影视制作技术、卡通形象与美国文化天衣无缝地结合是美国产品全球渗透的致胜法宝。

文化产品如动漫创意、形象塑造及相关衍生产品的生产,是一个资本密集型和科技密集型的行业。假如说蓝猫文具、米奇服装、Kitty猫是文化创意与传统产业资本融合的典型。那么第一部全电脑制作的动画片《玩具总动员》以及可以乱真的《恐龙》等，同时也是技术资本与文化资本结合的产物。而皮卡丘、索尼的机器猫、宠物小精灵、广东的宇航鼠等同样是现代科技与文化创意理念完美结合的结晶。

据测算，我国儿童商品市场规模达 2000 亿元人民币，假设一半与文化产业有关，将能提供 1000 亿元的市场空间。仅史努比、米老鼠、Kitty 猫、皮卡丘和机器猫，每年就轻而易举从中国卡通市场"掠走" 6 亿元人民币。从影片到游乐园、从图书到玩具、从服装到鞋帽，卡通品牌及其衍生品，伴随着人们对童年的回忆，这些风靡全球的卡通人物早已走下银幕，融入了人们生活中的每个角落，因此是产品价值增值和实现的重要模式。

文化取决于荷载意义的符号。文化产品及服务则是文化和技术的载体，它们承载并传达文化、知识的内涵及意义。其符号价值远离事物的本来含义，从而产生了超出成本的附加价值。文化赋予技术产品——机器猫、宇航猫以灵性和精神，从而大大提升了工业产品的内在价值和文化特色，使之受到消费者的认同和喜爱。

二 文化资本与产业资本的融合，提升工业产品的附加值

文化创意资本通过对产业、企业乃至产品服务的全面渗透，可以在不增加成本投入的前提下，提高产品、服务的差别化程度及附加值。文化资本具有不可重复、不可复制的特性，它因地域、环境甚至文化习俗的不同而有机地嵌入到产品、管理模式、组织结构甚至产业的运行态势之中，从而成为产品价值和生产流程的组成部分，能降低生产成本，显著提高企业管理绩效和生产能力。

文化产业跨行业、跨地区运作中，以文化产品、文化衍生产品

为载体，整合文化资本与技术资本，大大提升文化产品的技术含量，又提升了一国工业产品、技术产品的荷载意义及文化特色。高科技特色及独特的文化特色，构成形成一国、一地产品价值的重要内涵，可在促进产品、服务价值增值的同时，有效展示传播特定地域、国家产品、服务原创地、原产地形象，创造原创地、原产地效应。像牛仔服、万宝路香烟品牌这样简单的东西随着美国西部片进入欧洲及其他国家时，它拥有了一种附加值，得以帮助年轻一代表达他们自己的个性，也向年轻人勾勒传递了作为自由象征的美国西部的形象。

众所周知，在一个买方经济主导的市场中，需求价值成为人们关注的重点，而文化特色、文化价值是需求价值的高端领域（胡晓鹏，2006）。由此出发，文化资本有效地与传统产品相结合，既能够使已无市场价值的产品重新焕发价值活力，也可以通过塑造新型的文化理念，延长产品的生命周期。而所有这一切，在追求异域新奇事物、崇尚个性化消费的知识经济时代，显得极为重要。比如，近年来，韩国、日本借助文化创意资本在提高产品附加值的同时，创造了重要的"原创国效应"，通过"韩流""日流"的形式改变了传统产品的价值构成，大大提升了日本、韩国产品的国际竞争力。

在跨地区、跨行业全球运作中，大型跨国公司或文化企业以品牌、商标、文化符号等文化要素为主导设计延展产业价值链，整合技术要素和产业资本，避免了依赖单一或分散的国家资源的限制，而且在国与国之间建立起一种更高效地利用并整合全球要素的分工体系。

文化产业跨行业跨地区运作，是一个产业本身界限日渐模糊，产业间融合不断加强的过程。文化产业同新闻传媒、网络传播及传统产业的外延日益延展。电影业、电视业、音像业、出版业、会展业、IT业、旅游业、服装业、玩具业、家电汽车业相互融合、相互借力，最终可达到塑造中国群体品牌、提升国家整体产品形象的目的。

三 代表性文化品牌、文化产品的原创地效应创造功能

一个国家著名文化企业和文化品牌在偏好各异的消费者眼里总是和特殊的地理位置、历史文化及区域、国家形象认知联系在一起的，都带有显著的声誉效应，如日本任天堂的动漫、韩剧如《大长今》《冬季恋歌》，好莱坞的大片如《星球大战》《泰坦尼克号》，以及意大利、伦敦的歌剧等。拥有全球著名的品牌及产品，也是一国文化繁荣、创意产业发展水准及国际形象卓著的重要象征。

一些学者［如 Nagashima（1970）］将国家形象定义为"企业家或消费者对某一国家产品所持有的形象、评价及固有观念"，并主张国家形象是通过代表性的产品、国家特征、政治和经济背景、历史和传统等因素来形成。Narayan（1981）把国家形象定义为与某一国家的产品所提供的内涵相结合，并被消费者所认知的某一国家的整体形象。文化产业运作以大型传媒集团为组织网络、以文化产品和衍生产品为内容载体或中介，通过代表性产品和品牌、国家文化特征、政治和经济实力展示、历史与传统介绍，可影响消费者对一个地区、一个国家的认知，并形成原创地、原产地形象，有利于该国产品、服务的国家价值提升及国际营销。

文化产业跨行业、跨地区运作，与制造业、服务业等关联产业企业合作，可整合文化资本与产业资本，打造高科技文化品牌，创造具有文化内涵和技术含量的内容产品、服务和衍生产品，从而改善、提升一国产品形象、原产地形象。

特定产品原创地，具有区别于其他原创地显著特征和类似于原产地的声誉效应。韩剧、好莱坞的大片、意大利歌剧、京剧、苏州评弹。由该地的地理环境、原创地名称、自然和人文化因素所决定的国家、地区或地方文化产品。很多学者研究了原产国或原产地形象与制造业产品形象、产品营销之间的关系。Bikey、Nes（1982）对25篇与原产国相关的研究结果进行评价，指出原产国与制造业产品认知密切相关，并把原产国形象定义为消费者对某一国家产品的质量所产生的全面的认知，这种认知对消费者购买意向起很大作用。事实上，文化产品如莎士比亚歌剧、意大利歌剧、法国的绘画等有着类似于原产地的原创国效应，对消费者的消费行为有积极的影响。

卓越的品牌及代表性的产品，有利于形成与高质量内容产品特质相关的国家特征及能力属性，如迪士尼动漫、日本卡通、韩国影视对国家相关产品创意能力、价值理念及形象传播的积极效应。

代表性文化品牌也是特定区域声誉的象征。如《茉莉花》、图兰朵、普契尼等与对江苏民歌、意大利著名作曲家贾科歌剧及意大利的声誉效应。尤其是卓越的文化产品及品牌，有利于形成与高质量内容产品特质相关的国家特征及能力属性，如好莱坞的电影、迪士尼动漫、日本卡通、韩国影视对国家相关产品创意能力、价值理念及形象传播的积极效应。这些内容产品及品牌可以展示国家形象的特色和积极的方面，促进他国观众对本国文化及政策的认知和深入理解。

四 文化内容产品、文化活动及文化展示提升一国产品服务整体声誉

文化产业跨行业、跨地区延展过程中，含有特殊文化要素的产

品及服务一方面渗透特殊地域、民族文化内涵的文化产品或服务因其富含独特文化意蕴，进入其他国家、区域后，则因其不可复制模仿的独特性和特有的文化价值而易于被各国、各地消费者所认同。特别是在一个买方经济主导、追求异域新奇事物、崇尚个性化消费的体验经济时代，文化特色、文化价值是需求价值的高端领域。最重要的是，通过文化产品及衍生产品的跨国传播、销售，能在获得较高市场价值的同时，传播其独特的异域文化理念、文化特色，提升该国整体产品、服务的声誉和形象。

李勇（2016）研究了影视文本对国家形象建构的作用。他认显中国形象是一种跨媒介的文化建构，当代中国以影视为主的视觉文化文本是在国家形象的话语谱系与集体想象的文化语境中建构中国形象的。任何一个国家生产出来的影像文本都是这个国家文化中的一个组成部分，这些影像文本当然也就传递出这个国家的或隐或显的信息。这些影像文本可以看成这个国家形象的载体。但影视、音像等视听文化产品及品牌对国家形象的传播既有成功的经验，也有负面的案例。好莱坞的军事电影，无论是反映二战的《虎！虎！虎！》《中途岛》，还是反映冷战的《壮志凌云》，都极力鼓吹美军战无不胜的神话，推销美国军事工业先进武器和装备，在一代又一代外国观众中潜移默化地形成了崇美和恐美的观念（蓝爱国，2008）。但是，也有研究显示，一些国家如中国在国际电影节上获奖的国产大片如张艺谋的《大红灯笼高高挂》、《红高粱》、李安的《卧虎藏龙》、陈凯歌的《霸王别姬》等更多向世界展示了中国落后、贫穷、原始、野蛮、愚昧的一面（杨明辉，2006；雷兴长，2009）。因此对中国文化及中国形象传播产生了负面效应。

积极、健康的内容产品传播提升国家形象。文化产业跨行业跨地区运作及衍生产品服务的国际经营，因其对特定地理区域及人文特色传播，是弘扬民族文化、提升区域及国家影响力的重要途径。

如《中国印象》《印象·刘三姐》等演艺品牌通过对中国民族文化的挖掘诠释创造了不凡的票房价值，提升了中国及这些区域的特色产品、旅游服务的整体声誉和形象。

韩国借助文化创意资本在提高产品附加值的同时，通过"韩流"改变了传统产品的价值构成，大大提升了韩国的国际形象。韩剧《大长今》《冬季恋歌》等，充分展示了韩国独特的历史、服饰、饮食、剑道、医术、建筑及舞蹈。文化产业的增长带动了旅游、化妆品、饮食、医疗整容、日用品乃至汽车等工业的增长。韩国通过文化产业成功提升了制造业国际分工地位。韩国文化产业在赚取巨额外汇、增加就业机会之外，达到了长期的对外宣传效果，大力提升了其国家影响力和"软实力"，扭转国际消费者对韩国的负面看法。韩国文化得到了世界的好感和认同，学习韩语在外国学生中成为时髦（孔同，2007）。

参考文献

［1］［德］彼得·科斯洛夫斯基：《后现代文化——技术发展的社会文化后果》，毛怡红译，中央编译出版社1999年版，第2—3页。

［2］胡晓鹏：《基于资本属性的文化创意产业研究》，《中国工业经济》2006年第12期，第5—12页。

［3］Nagashima A., A Comparison of Japaneseand U. S. Attitudes Toward Foreign Products. *Journal of Marketing Research*, 1970, Vol. 34: 68 - 74.

［4］Narayan, C. L.. Aggregate Images of American and Japanese Products: Implications on International Marketing. *Columbia Journal of World Business*, 1981, 16 (Summer): 31 - 35.

［5］Bikey, Warren J., and Nes, Eric, Country-of-Origin Effects on Product Evaluations. *Journal of International Business Studies*, 13 (Spring/Summer 1982: 89 – 99.

［6］李勇:《从红高粱到茉莉花——中国当代影视中的中国形象》,《文化研究》2016 年第 25 期,第 234—247 页。

［7］雷兴长:《文化产品"走向世界"的战略价值选择分析》,《科学经济社会》2009 年第 6 期,第 31—34 页。

［8］蓝爱国:《启示与借鉴:好莱坞的意识形态策略》,《艺术广角》2008 年第 1 期,第 4—9 页。

［9］杨明辉:《美国文化产业与对外文化战略》,《世界经济与政治论坛》2006 年第 5 期,第 110—113 页。

［10］孔同:《从韩国传媒产业发展看国家软实力增强》,《传媒》2007 年第 4 期,第 66—67 页。

第 六 章

文化产业跨行业运作的区域营销功能

文化产业跨行业跨地区运作，通过对区域历史人文资源的挖掘利用，促进人文资源与自然资源、文化资源与产业资源的整合，改善区域人文生态形象，促进区域可持续发展。

一 自然资源与人文资源整合，改善区域人文生态

文化产业主要以人文资源为基础，通过文化元素的发掘利用，推动产业的发展。对美国西部开拓和美国精神的传递、对其他民族文化，如传统文化遗产和本民族历史题材的挖掘是美国、韩国影视文化产业近年得以在全球扩张的重要基础。但文化产业也需要依附于一定的物质载体，要消耗自然资源。如电影业的胶片来自化工原料，电视摄录设备的制造来自工业材料。而图书、杂志等用纸则来自森林资源。一些文化衍生品如玩具、服装等则需要消耗较多的自然资源。文化资源是特定自然与人类发展相互融合的结果，如北京猿人遗址、西安兵马俑遗址等。文化创意离不开自然资源的启迪，如《印象·刘三姐》充分利用了云南、广西的山水的天然背景，将

经典山歌、民俗风情、漓江渔火等元素创新组合，溶入自然山水之间，成功诠释了人与自然的和谐关系，创造出天人合一的境界。由此可见，独特的理地貌与人文风情的结合，大大提升了区域的生态形象和人文内涵，使当地生产的相关产业及服务、文化衍生品等如旅游、玩具、服装等因其特有的文化意蕴而具有更高的人文生态价值。特别是当人类开始步入体验经济时代，文化艺术、民族风情、信仰观念等要素成为区域经济发展的主导资源。由于文化产品的影响和国内外媒体的报道传播，为当地吸引了来自世界各地的观众和观光者，区域影响力也因之得到提升。

我国本土运作、由著名舞蹈家编导的大型原生态民族歌舞《云南印象》演出成功后，有关方面投资筹建《云南印象》公司，按照国际惯例进行包装后进军国际市场。同时用艺术品牌开发《云南印象》DVD、烟、酒、茶、服装、文具等衍生品，并建立品牌演出剧场，形成复合产业链条。

自然资源具有可消耗性。而人文资源以其特有的隐含性、专用性和复杂性，具有不可消耗性、不断重复利用的特征。因此，发展基于人文资源的文化产业可在增强产品、服务独特性、差异性的同时，规避环保风险，缓解经济增长的资源约束。进入21世纪，发达国家经济发展中都出现了自然资源的开采和消耗比例不断下降，人文资源的开发和利用不断上升的趋势。各发达国家和地区大力倡导创意经济和文化产业即是这一趋势的反映。

文化的本意是人与物的教化过程，是对其潜能的培育与完善。它既要考虑到人自身的行为对行为关联整体的副作用及反作用，同时也要顾及事物自身的权利。而文化产业的发展和文化产品的对外输出，是基于自然资源的合理开发、对人文资源的保护利用，它灌注了生态发展的视野和可持续发展的美好理念（李敏、李涛，2010）。

人类开始步入体验经济时代，文化、艺术、信仰、伦理观念等要素成为经济发展的主导资源，对提高文化产品和技术产品的国际竞争力具有重要作用。文化产业跨行业、跨地区运作，在文化产品及服装、玩具、家电等衍生产品中，将充分整合自然资源与人文资源，即在利用自然资源的同时，充分融入人文资源的高级要素，以提高产品的文化价值和品牌价值，满足人们高层次的物质文化需要，促进环境生态改善及社会可持续发展。

二 环境生态重建与工业遗产开发利用结合，实现城市可持续发展

文化产业跨行业、跨地区经营，实现区域人文生态改善的成功案例之一，是德国鲁尔区的文化及城市改造实践。

鲁尔区作为世界传统工业集聚地之一，在历史上一个多世纪的时间里，曾经为德国提供了大量的煤炭和钢铁资源，被誉为德国的动力工厂。二战结束后，鲁尔区又成为德国经济快速复苏的发动机，煤炭和钢铁生产在短期内迅速恢复，为地区发展提供了动力来源，并为国家战后重建提供了所需的钢铁资源（拉尔夫·埃伯特等，2007）。

20世纪50年代ECSC成立之初，整个西欧正面临着战争之后煤炭和钢铁需求数量急剧减少的困境，甚至可能因此而陷入严重的经济衰退；ECSC通过有力调控煤炭和钢铁生产销售的相对平衡，对维持包括鲁尔在内的传统工业区的经济繁荣发挥了重要作用。此后在20世纪70年代和80年代，当煤炭和钢铁企业发展陷入严重危机时，鲁尔区利用旧工业区的遗址进行改建，新建歌剧院、音乐厅，鲁尔区有200多个博物馆，它们致力于保存和弘扬本地区在美术、经济、考古及文化等方面的历史，如位于波鸿（Bochum）的

德国矿产博物馆（the German Mining Museum）、福克望博物馆（the MuseumFollowing），位于奥伯豪森（Oberhausen）的煤气罐（Geometer）博物馆等。

在鲁尔区，有200多个年度、双年度或者三年度的文化活动，吸引着来自各地的艺术家、参观者和旅游者。其中著名的活动有：雷克林豪森市（Recklinghausen）一年一度的鲁尔文艺会演（Ruhrfestspiele），鲁尔钢琴节（the Clavier Festival Ruhr）是Initiativkreis Ruhrgebie于1996年创立的年度国际钢琴节、鲁尔音乐节。

鲁尔区是古老的工业区，记载着工业产业发展的历史文脉，通过过去几十年的产业结构转型调整，提升文化和文化产业的地位，吸引文化创意产业来替代那些在全球化和技术改革中被淘汰的工业产业，转变了原来消极的传统工业形象。通过在特色工业遗产区域新增设施和活动场所，逐步填补和完善原来分散的文化设施结构体系。今天，鲁尔区的很多城市能够提供大量引人注目的文化设施和活动，成为人们最喜欢的城市群或者欧洲城市旅游的目的地。2001年埃森矿业关税同盟工业区（Essen Zach Zollverein）被联合国教科文组织列为世界文化遗产。2010年埃森市及鲁尔区被命名为欧洲文化之都（Cultural Capital of Europe 2010）。

文化创意产业不仅保留了具有历史文化价值的建筑、风土人情，而且通过历史与未来、传统与现代、东方与西方、经典与流行的交叉融会，为现代社会增添了历史与现代交融的人文景观，有利于提升城市、区域形象和品牌。如南京的夫子庙，结合旧城改造，既强化了金陵古老文化底蕴，又融入了现代城市的时尚元素，成为南京独特的地标景观。文化创意产业的发展为许多地区塑造、保护了充满个性、富有艺术感染力的特色街道、古老村落，这些特色人文景观，能有效吸引人才和资金，促进物流、人流、信息流和资金流的大量积聚，从而促进地区经济的生态循环，反过来又会促进文化产业的发展（黄鹤，2006）。

中国文化企业在跨行业跨地区经营、构建全球价值链的过程中，可借鉴大型跨国公司的经验，集中于知识密集、技术密集、非物质化和虚拟性的功能环节，如产品设计、研究开发、管理服务、营销及品牌管理等增值环节，而将更多的环境破坏性、资源消耗性生产环节分包给世界各地的合同制造商，甚至完全退出成品生产，可大大节约自然资源利用。

参考文献

［1］李敏、李涛：《文化产业全球价值网络的运作特征及功能研究》，《工业技术经济》2010年第10期，第224—27页。

［2］［德］拉尔夫·埃伯特、弗里德里希·纳德、克劳兹·R.昆斯曼：《鲁尔区的文化与创意产业》，刘佳燕译，《国际城市规划》22卷，2007年第2期，第41—48页。

［3］黄鹤：《文化政策主导下的城市更新——西方城市运用文化资源促进城市发展的相关经验和启示》，《国外城市规划》2006年第1期，第34—39页。

第 七 章

文化产业跨行业国际经营的国家营销功能

自觉的国家文化展示是国家形象提升重要战略。通过国家战略、规划、法规等各种政策工具及有计划、有组织的文化展示活动、文化设施建设，可展示国家形象，提升文化软实力。包括凭借炫耀和仪式（如举办文化活动、兴建文化设施）放大国家文化形象，如向旅游者展示艺术或国家遗产、以这样或那样的形式去构建民族国家"想象的共同体"。第二次世界大战前夕，由于意识到文化对国民精神的鼓舞作用，英国政府最早考虑把文化管理纳入国家管理体制。其目标是以公共外交的形式如推广语言开展教学、配合战时宣传、实施战地服务等一系列活动保护英国利益和对内对外的影响力。

一 文化产业跨行业国际经营的国家营销功能

文化企业、创意明星、文化品牌及产品的国际运作和对外输出是形塑来源国国际形象并达成国家营销目标的重要路径。

（一）文化企业构建文化"走出去"国家形象提升的组织传播体系

从形象学角度，一国形象分为"自我形象"或国内形象和他国对其理解的"他形象"或国际形象。文化传媒企业、组织是一国"他形象"或国际形象构建的战略主体。与其他产业组织一样，经历了长期的发展演变，文化产业组织从早期的单体企业、松散的国际组织被组织成少数高度规划、全球运作的超级跨国公司或大企业集团，以及大量快速周转、只雇用少量员工的独立公司。大公司以高度资本化的跨国公司为代表，它们的股权延伸到多种媒体、消费产品和电子部门。这些大公司的经营额甚至大于一些国家的国内生产总值，在全球具有很大影响力。传媒企业集团变得如此强大，不论在技术方面还是资金、政治方面，它们的全球触角和网络允许它逃避严格的政治控制。它们的调查报道能力以及它们相对于政治权力而言的自主性，使它们成为社会上一般信息和观点的主要来源。除了少数人能有其他国家的亲身经历和消费体验，大多数人只能通过媒体感知其他国家及其大部分产品服务。一个特定国家的影像、观念必须进入媒体或借助媒体才能够接触到社会。电子化的广播语言、影像和符号在形成国家观念、国家认同、认知中发挥着决定性的作用。

信息化的背景下，大型传媒集团或跨国公司作为全球文化经济活动的主角，拥有在线广播、无线广播、数字电视、通信卫星、网络等现代化方式传播手段，是民族文化、价值理念、生活方式展示传播的主体。媒体超越政治、经济并驱动政治和经济的影响力，具有塑造国际舆论和公众意识，影响人们对来源国认同和理解的超凡能力。国际化文化企业通过以大众媒介为载体的内容产品的国际营销，凭借以语言、文字、声音、形象等媒介符号表征的审美文化产品，为塑造国家形象提供多样化信息线索。媒体尤其是作为主权国家对外传播机构所发出的全面即时的新闻报道、赛事转播、电视电影的全球播送等所提供的各种事件、动态、人物描述及形象、故事、活动等传递文化信息、文化价值及生活方式，让其他国家受众感受来源国流行文化的现象形态，使本国、本民族的文化价值系统作为精神潜流叠印浸入媒体的肌理之中，使本国独有的价值观、生活方式、国内惯例及国家政策得以全球传播，从而提高来源国在国际社会的认知度、美誉度。尽管媒体会产生负面效应，如美国传媒传播了浮华、性、暴力、无聊和物质主义，但它同时也描绘了开放、流动、个人主义、反对墨守成规、多元化、自愿、民主、以民为本和自由等美国特有的价值观，有效传播了经过精心创意设计的美国形象。此外，哈佛大学费正清中国研究中心学者叶叙理·埃萨雷的调查显示，在北京奥运前，美国人因为人权、环境等问题对中国举办奥运持反对态度，"但媒体报道转变了这种看法。大多数人通过观看北京奥运了解了中国，并震惊于中国对奥运出色的组织管理"。北京奥运使包括政治形象、经济形象、文化形象在内的"中国形象"和"北京城市形象"都有不同程度的提升。

（二）内容文化产品对国家形象的直接展示传播

从传播学的角度，国家形象分为国家实体形象（客观真实）、国家虚拟形象（媒介符号真实）和公众认知形象（主观真实）（张爱凤，2009）。其中国家虚拟形象是由承载文化内涵的各种媒介符号构建并影响公众认知形象建构。国际社会对一个国家的认知几乎是通过文化产品来达成的。新闻、广播、图书、出版、电影、电视、音乐、舞蹈、戏剧、文学、美术、教育等各种媒介符号表征的审美文化产品，以实体形象为基础，塑造、传播一个国家虚拟形象并影响公众认知形象的形成。例如，北京奥运会前后和期间，柯惠新对来自英、美等国的 2401 位外国人的调查显示，中国元素电影、书籍是"中国形象"和"北京城市形象"的最佳传播渠道（转引自白瀛、郭曼桐，2008）。

文化产品将一国地理、历史、传统、艺术、音乐、著名人物以及国民价值观、生活行为方式、技术工艺、产业化水平直接、全面、客观地显现给外国视听众。大型舞台剧《中国印象》截取中国历史发展过程中的重要片段，运用传统的中国元素，结合最新的舞台科技，在荷兰、比利时等国巡演，将中国秦一统天下、唐—大唐盛世、清—太后贺寿、上海 1930、现代中国、世博 2010 等最具代表性的历史人物、事件与现代高速发展的社会新貌，淋漓尽致地展现在国外观众面前，创造了不凡的票房价值，提升了中国国家形象和影响力。

（三）内容产品全球传播对消除来源国"刻板印象"的显著调节作用

刻板印象或成见，亦称印刻作用、固定观念，是一个社会学名词。对一个国家的"刻板印象"指人类对于特定国家、种族特质及其产品服务特性优劣的一种概括的看法。是其他国家当事者在感知和有限观察的基础上，对目标国形成的定势化的整体印象或观点。通常指负面而先入为主的偏见。娱乐业和媒体在地区、国家刻板印象的形成中有重要作用，尤其对于被负面评价的地区。外国受众对多数国家的形象大多是基于媒体而获得的并不准确的事实而简化形成的带有偏见的刻板印象。

尽管片面的国家"刻板印象""固有观念"对人的行为有着相对持续的影响力。但现代交通、通讯和信息技术改变了人们界定和感受文化多样性的方法，使得国家营销变得更为动态和可操作。在多样化的媒体和文化产品影响下，国家形象的认知、认同成为一个可以规划和控制的过程，而不是一个已经完成的事实。通过现代传媒及国家、企业等营销战略策略组合，在全球对国家形象进行跨越时空、即时持续的交流和塑造，以文化内容产品对外输出为纽带，自觉全面、客观、真实地传播本国形象，宣传国内惯例及国家政策，可以消除外国视听众对信息来源国的"刻板印象"。

着眼于国家营销的文化产品内容战略、策略选择，使产品内容传播与一个国家、区域正面形象相关的事件、新闻、活动、信念、政治经济发展水平、历史及传统、工业化和技术工艺等信息，从而改善不利的国家"刻板印象"或"固定观念"。

（四）创意明星、卓越文化品牌及产品类型对国家形象提升的声誉效应

与制造业品牌类似，卓越的文化品牌和创意明星总是和特殊的地理位置、历史文化及区域、国家形象的认知相联系，能为来源国带来显著的声誉效应和明星效应。如《哈姆雷特》《威尼斯商人》《罗密欧与朱丽叶》、莎士比亚和英国戏剧、文学；《星球大战》《泰坦尼克号》、哈里森·福特、莱昂纳多和温斯莱特与美国好莱坞电影；《蝴蝶夫人》《图兰朵》、普契尼与意大利歌剧；《大坂城的姑娘》、王洛宾与新疆民歌；《霸王别姬》《游园惊梦》《断桥》、梅兰芳与中国京剧、昆曲……，都是包含独特地理人文氛围、自然文化景观、原创地或来源国名称及人物故事等元素的国家、地方文化品牌和明星。较之其他产品，对其国家及同类文化产品的声誉效应可以更大程度上增加特定国家、地区的凝聚力和国际认同。

创意明星（包括真实的创意人才和虚拟的人物形象或角色）作为国际文化舞台上的代言人，是国家形象大使或基础元素，他们的一言一行都关乎国家形象，受到舆论高度关注。健康向上的明星形象及其塑造的人物形象对其来源国形象具有正面效应。如功夫明星李小龙、成龙、李连杰在世界范围内重新塑造了坚强有力、威猛勇敢、和善友好的中国男性形象；近年来，章子怡国际化造型和青春靓丽、健康自信的形象，也成为中国形象的文化符号。创意明星作为文化使节出席重大的国际文化活动，表达文化共鸣，增进了各国对其来源国文化的理解；作为公众人物，致力于推动社会关注的全球性问题，呼吁关注弱势、边缘群体，倡导慈善、环保和人道主义关爱等议题，都有益于塑造"主体化"国家形象。

（五）创意明星、文化品牌及类型、系列产品赋予原创国内涵特征和能力属性

Narayan（1981）认为国家形象是与某一国家的产品所提供的内涵相结合，并被消费者所认知的某一国家的整体形象。Gary A. Knight等（2000）和Adamantios Diamantopoulos（2011）等在探索消费者购买动机时揭示了具体产品形象（product-country images）、类产品形象（the product category image）与来源国形象或国家形象（country image）的区别与联系。基于心理辐射（Irradiation）消费者对某国特定产品的消费体验和认知，会转移到或影响对该国类产品、国家形象的态度和评价。

创意明星、文化品牌及产品类型、系列已成为传递国家身份、文化内涵及能力属性的主渠道。虽然一个国家所拥有的文化品牌及信誉与这个国家的国家形象是有区分的，但建立和维护一个国家在某个品牌上的声誉对其国家形象、类产品服务形象具有积极作用。迪士尼在其声名卓著的唐老鸭、米老鼠、《恐龙》等卡通品牌中注入了美国文化特有的创意理念和高技术含量，象征美国特色的高科技影视制作技术、卡通形象与美国文化天衣无缝地结合，有力地在全球各地传播了美国在创意、科技方面领先、卓越的国家形象。

代表性的文化品牌及产品，赋予其来源国与高质量内容产品特质相关的国家特征、能力属性，因而是国家认知、国家形象的标识。拥有全球著名的品牌及产品，是一个国家相关产品创意能力及产品特征的来源，是原创国独特的营销卖点和国家财富源泉，是一国文化繁荣、创意产业发展水准及国际形象卓著的象征。

内容产品的类型化或系列化也是国际文化市场上赋予来源国能力属性的要径。以影视节目为例，将电影、动画分成爱情、励志、恐怖、战争等类型，或将其系列化。在国际影视节目市场上，最具吸引力的品牌和产品是那些在某一风格节目制作销售上富有实力而又具有清晰的国家、区域特征的产品类型或系列产品。如美国的西部片、加拿大的合拍片、拉丁美洲的电视连续剧、澳大利亚的纪录片、德国的犯罪连续剧、日本不同体裁的动画片等产品类型或系列所享有的国际信誉，不仅给该国同类产品的生产商带来威信和积极影响，并且为其特定国别来源、类型、系列品牌及产品与一国能力属性、形象内涵、特征塑造的相关性提供了成功案例，有利于形成与该能力、文化内涵相联系的国家形象特质。

二 文化距离与中国文化"走出去"的理论及现实困境

从 20 世纪 70 年代后期起，中国改革开放，开启了中国文化"走出去"的里程。但是，中国文化的国际经营却面临了诸多实践和理论困境。

（一）文化企业国际经营的"外来性劣势"

所谓外来性是企业国际化经营早期时由于文化、政治、经济差异和地理距离而产生的与东道国利益相关者之间的互不熟悉或心理文化距离。外来性劣势是相对熟悉制度环境和消费者需求、拥有与当地政府、同行、消费者联系的本土企业，外国公司在东道国会失去其公司专有优势而处于劣势，并遭遇不成比例的持续成本、较低的生存率和较低的技术效率等（Zaheer，1995；Cuervo-Cazurra，2007）。外来性劣势将导致陌生、歧视和关系风险（Eden Miller，2004）。Heeyon Kimy 等（2014）指出文化产品对特定文化环境如语言、历史和习俗的嵌入性，使得它进入国外市场时易受外来性劣势的困扰。

以影视产品为例，中国电影企业进入北美市场的历史不长，由于未能与当地有影响力的发行商、院线建立良好的合作关系，中国影片在北美只能在当地小规模放映，而且，由于营销费用限制及缺少有影响力的发行商进行宣传营销，影片放映前期及放映期间很少得到像北美电影、尤其是好莱坞影片一样的营销推广。据本项目研究统计，2003—2013 年，大多数中国影片在北美放映的银幕数只有不到十个。放映地区仅限于几个华人集中的地区，观众也主要是在北美的华人。北美主流观众很少观看中国影片。北美主流观众对中国的电影故事、电影明星及导演也不熟悉。

（二）内容文化产品输出遭遇"文化折扣"

20 世纪 80 年代末 Hoskins 等（1988）、Waterman（1988）、Wildman（1988）等媒介经济学家建构了大国规模经济和较少文化折扣理论，这一理论的基本假设：媒介产品吸引力是其生产投入资源的函数；媒介产品跨市场流动因观众缺少相应文化背景、评议能力等会遭遇文化折扣，即由于文化距离及消费者语言、历史、社会价值差异，观众不可能完全理解并欣赏来自国外的媒介产品，由此形成对外国媒介产品所产生的价值"折扣"及较低需求。两地之间媒介产品流动无论其流向如何，其文化折扣相同。后面这一点因无视美国媒介产品的相对优势而备受争议。相对于服务较大差异国内市场且没有文化折扣并有一定跨国有效需求的媒介制作商其面临的折扣反而小，即大国的媒介产品生产商能受益于全球市场的规模经济效益。而来自较小国家文化产品将遇到较大的"文化折扣"。"文化折扣"会不成比例地影响较小国家的生产商，他们的产品在较大比例的全球市场会遭遇较大文化价值折扣。上述理论解释了美国媒介产品的全球优势，却背离中国文化产业国际经营的实际。21世纪以来，中国文化产业快速增长，但文化媒介产品在跨国、跨地区、跨语言流动中却面临"文化折扣"、软件产品贸易逆差以及贸易壁垒、跨国文化企业竞争、文化企业规模实力、产品结构及内容定位等多重困扰。以电影产业为例，中国电影创造了良好的国内绩效。国内票房自2005年的21亿元（人民币，下同）增长到2014年的296亿元。中国已经成为世界第三大电影生产国和世界第二大电影市场，但海外票房和版权收益却提升缓慢：2005年为17亿元，2010年提升到35亿元，但之后出现了负增长，2012年为10.6亿元，2013年为20亿元。更为严峻的是，近十年来，以美国为主的进口电影票房占据了中国市场超过40%的份额，2012年甚至达到51.5%。尤其是好莱坞大片，不仅总票房占比大，单片票房也屡屡稳居前列。根据本研究在Boxofficemojo、艺恩中国票房（http://www.cbooo.cn）和中国票房数据库（http://58921.com）等分别收集的2003—2013年中国电影在北美市场和中国市场放映并有有效数据86部电影北美票房与中国票房的比率，只有《飞龙再生》《英雄》《霍元甲》《三峡好人》几部影响北美票房与中国票房之比大于1，即北美票房超过中国市场的票房，其他电影都是小于1，即北美票房超过中国票房。北美票房小于中国票房的电影中，除了《十面埋伏》《和你在一起》《蓝莓之夜》《功夫》《千锤百炼》为0.45、0.6、0.46、0.62、0.42，北美票房约为中国票房的一半，其他电影北美票房均只有国内票房的千分之几。由此可见，欧美学者关于媒介产品的规模经济及文化折扣理论不能解释中国的产业现状。尽管 W. D. Walls 和 Jordi McKenzie（2012）分析了基于供应和需求驱动的好莱坞电影跨文化输出绩效，相继提出普世价值与文化的相似程度、多样性文化元素、淡化文化特色（de-acculturation）等文化战略策略，但他们的研究脱离了中国文化产业实际。

（三）文化企业、品牌和明星的输出的陌生、歧视风险和关系风险

总体上，中国文化产品在国外缺乏有影响力的文化企业、产品品牌和创意明星。究其原因，有中国产品、创意明星自身的因素。但最重要的因素，是中国文化企业、产品和创意明星与国外观众、媒体及同行缺少交流、合作，中国文化企业、产品和明星不为外国主流观众、媒体、同行所熟悉和喜爱。一些在国内享有盛誉、深受国内观众喜欢的产品和明星，在进入国外市场后，反应平平，甚至受到外国观众及评论家的恶语。

改革开放以来，中国拍摄制作了大量深受国内观众喜爱的电视剧。但是，与中国台湾地区和东南亚国家相比，国产电视剧在欧美等发达国家的发行仍相对滞后，难以进入欧美的主流电视台，销路仅限于当地的华语电视台。产品内容、翻译、文化偏好差异等因素固然影响中国电视剧的海外营销，但缺乏与欧美主流电视媒体的合作关系则是其重要的原因。

2011 年《金陵十三钗》在北美小规模上映，美国媒体对影片恶评如潮。《金陵十三钗》在美国放映时，《纽约时报》评论认为张艺谋最大的败笔在于对整个南京大屠杀采取了一种疏远的甚至是轻描淡写的手法，全部故事都是发生在一个虚构的欧式教堂里，而且影片在一个日军屠城的大背景下却处处充满了性的暗示。《好莱坞报导者》批评称，在好莱坞只有最愚钝的制片人才会在南京大屠杀这样的灾难中注入性的成分，但这却成了《金陵十三钗》的核心元素。美国著名电影批评家、哥伦比亚大学教授 Emanuel Levy 在《电影》杂志发表评论文章，批评《金陵十三钗》片不是来自真实生活的灵感，而是张艺谋制造的一个混乱、严重缺少平衡、过度炫耀某些场景的电影大杂烩（a hodgepodge of a movie），是张艺谋发迹以来最糟糕的一部电影。《纽约邮报》干脆以"枯萎的战利品"（The Wilted Spoils of War）来讽刺这部影片，并称张艺谋在这个圣诞节之际应该得到的礼物就是惩罚坏孩子的大大的一堆煤炭。邮报的评论将这部影片称作一部"极端荒唐的肥皂剧（ludicrous soap opera）"。此外，在著名影评网站"烂番茄"上，这部影片的得分也很低。

类似的例子，还有在国内深受观众喜欢的演员赵本山，但他在美国的演出却出师不利。一位美国律师说：赵本山的纽约演出无聊、下流。一讽刺残疾人，二讽刺肥胖者，三讽刺精神病患，把自己的欢乐建立在别人的痛苦之上。美国脱口秀主持人个个伶牙俐齿，但是借一百个胆子，他们也不敢嘲笑残疾人、肥胖者。他们嘲笑的主要对象就是总统和明星，即有权有势者。

深究中国《金陵十三钗》和赵本山美国失利的原因，其中固然有中美文化的差异，但美国主流观众、媒体、评论家及同行对中国文化产品、中国明星的陌生、歧视及关系风险也是其中的重要因素。

三 结语及启示

中国文化作为绵延长达 5000 余年的文明的载体，一直参与世界各文明间的互动与对话。法国比较文学大家艾田蒲两卷本《中国之欧洲》、美国史学巨匠唐纳德·拉赫穷毕生之力完成的三部九卷本《欧洲形成中的亚洲》,以大量第一手资料证明,中国文化不仅促发了西方资本主义的形成、文艺复兴运动的兴起,至启蒙时代更成了西方崇拜的偶像和"西方文化向往的乌托邦"。中华文明的诸多元素,乃至价值观,今天仍然活在西方文明的许多精彩章节里。但是,长期以来,由于中西文化距离及传媒实力差距,中国作为被动、沉默的"他者",西方文学符号及媒体主导并塑造了完整、连续关联的中国形象象征系统及其由美化、乌托邦化的"大汗的帝国""大中华帝国""孔夫子的中国"向丑化负面、意识形态化的"停滞的帝国""专制的帝国""野蛮的帝国"的中国形象的转变(周宁,2011)。在当下动态的世界现代性结构中,如何定义"中国"并重新建构主体性中国形象,探索国际化文化企业、产品、品牌和创意人才培育集聚和文化输出提升"原创国"声誉的原理、路径及战略策略,不仅是一个需要迫切解决的现实难题,更是一个亟待深入研究的理论命题。

参考文献

［1］张爱凤:《论媒介符号与中国共谋效应主体形象的塑造》,《社会科学评论》2009 年第 3 期,第 66—74 页。

［2］白瀛、郭曼桐:《调查显示奥运会提升中国形象电影成最佳渠道》,http：//news.66wz.com/system/2008/11/22/100946439.shtml.2008 - 11 - 22.

［3］Narayan, C. L., Aggregate Images of American and Japanese Products: Implications on International Marketing. *Columbia Journal of World Business*, 1981, 16 (summer): 31 - 35.

［4］Gary A. Knight, Roger J. Calantone, (2000), "A flexible model of consumer country-of-origin perceptions", *International Market-*

ing Review, Vol. 17, Iss 2: 127 - 145.

[5] Adamantios Diamantopoulos, Bodo Schlegelmilch Dayananda, Palihawadana, (2011), "The relationship between country-of-origin image and brand image as drivers of purchase intentions", International Marketing Review, Vol. 28 Iss 5: 508 - 524.

[6] Zaheer, S. (1995). Overcoming the liability of foreignness. *Academy of Management Journal*, 38 (2): 341 - 363.

[7] Eden, *L.*, & *Miller*, *S. R.* 2004. Distance matters: Liability of foreignness, institutional distance and owner'scomplexity and relevance. Advances in International Management, Vol. (16). Bingley, UK: Emerald.

[8] Heeyon Kim, Michael Jensen (2014). Audience Heterogeneity and the Effectiveness of Market Signals-How to Overcome Liabilities of Foreignness in Film Exports. *Academy of Management Journal*, Vol. 57, (5): 1360 - 1384.

[9] Knight, J. G., Holds Worth, D. K., & Mather, D. W. 2007. Country-of-origin and choice of food imports: Anin-depth study of European distribution channel gatekeepers. *Journal of International Business Studies*, 38: 107 - 125.

[10] Newburry, W., Gardberg, N. A., & Belkin, L. Y. 2006. Organizational attractiveness is in the eye of the beholder: The interaction of demographic characteristics with foreignness. *Journal of International Business Studies*, 37: 666 - 686.

[11] Hoskins, C., & Mirus, R. (1988). Reasons for U. S. dominance of the international trade in television programmes. Media Culture & Society, 10, 499 - 515.

[12] Waterman, D. (1988). World television trade: The eco-

nomic effects of privatization and new technology. *Telecommunications Policy*, 12 (2), 141 –151.

［13］Wildman, S. S. , & Siwek, S. E. (1988) . International trade in films and television programs. Cambridge, MA: Ballinger.

［14］W. D. Walls, Jordi McKenzie. (2012) . The Changing Role of Hollywood in the Global Movie Market. *Journal of Media Economics*, 25: 198 –219.

［15］周宁:《跨文化研究:以中国形象为方法》,商务印书馆2011年版。

第八章

文化产业跨行业国际经营现状及策略选择

——以江苏为例

文化产业内涵丰富、外延广阔,而特定国家、区域的文化及文化产业的历史传统和现代形态迥异,其文化产业发展策略、路径也存在多样性和差异性。因此,本研究在分析文化产业一般特性及功能之后,选择江苏为对象,调查并探讨江苏文化资源特征及文化产业跨行业跨地区经营现状并提出相应的权变策略。

一 江苏文化资源优势及特征

江苏文化博大精深,在中国文化和世界文化中占据重要的地位。其突出的特征如下。

(一)历史悠久,优雅深邃

一万年前,江苏境内的晚期智人已创造出很高水平的石器文化。苏南的三山文化遗址出土了多件旧石器晚期的打制石器和多种哺乳动物的化石。苏北的爪墩文化遗址也出土了大量打磨精致的细石器。

江苏境内、大多分布于"扬州"地区距今约 5000 年的良渚文化遗址,从其出土的玉器中也明显显示出江苏和美、细润的人文特色。进入春秋、秦汉时期,吴、楚、越文化柔中寓刚,与豪放粗犷的中原文化、雄浑简朴的仰韶文化、秀致质朴的龙山文化呈现完全不同的美学特征。这一时期的青铜工艺、成语故事、散文、诗歌、工艺品等,都展现出同一种优美的风格,即含蓄优雅且精细深邃,深具阴柔性的人文特性。

(二)异彩纷呈,多元包容

早在石器时代,江苏文化已经展现出从优雅风貌的主调逐步向雄壮风貌过渡的地区性特征,并已开始出现南、北、中的小区域性分野。

春秋、两汉时期,江苏一带佛、道教兴盛。炼丹术、医学(华佗长期在这一带行医)、天文学取得了巨大成就。沛(今江苏沛县)人刘向、刘歆父子研究《易》学、《穀梁春秋》、讲论《五经》,著《新序》《说苑》等,为江苏文人开千古学术风气。以后千余年,江苏一地出大政治家的人数远远低于出谋士和学者、艺术家的人数,这种传统,于春秋、两汉已初现端倪。

此后六朝文人文化时期,儒释道三教相互兼容、激荡。江苏在科技、哲学、文字、绘画、书法、雕塑、乐舞等各个方面,都达到高峰。经过唐宋元及明清时期,文人文化与市民文化融会,江苏文化更是呈多元发展的趋势。以古典四大名著、三言二拍为代表的小说,以苏州、扬州为典型的园林及图书编修、出版、收藏等学术事业都达到了很高的境界。

鸦片战争以后,江苏文化日新月异。民间文化方面尤以地方戏曲、民间工艺辉煌灿烂。江苏地方戏曲有苏南的锡剧、沪剧、昆曲、越剧、苏州评弹等，苏北有扬剧、淮剧、扬州评话、扬州弹词、扬州清曲等。这些剧种，由江苏各地民间说唱艺术发展而来，其间有文人加以改造，使之升华，但仍保留了苏南、苏中、苏北三大强烈的地区风格特色（许辉，2003）。此外，这一时期的企业文化对江苏及中国现代文明的产生、发展具有开拓性的贡献，它是江苏经济特别是民族工业快速发展的直接渊源（杨东涛，1996）。

二 江苏文化产业跨行业跨地区发展策略

（一）探索时期的江苏文化产业跨行业跨地区运作

通常，一个产业或企业跨行业跨地区经营战略的实施阶段，可分为国内经营、出口营销、跨国营销和全球营销阶段。

江苏文化不仅历史悠久，优雅深邃，而且异彩纷呈，多元包容，在中国和世界文化中占据独特的地位。江苏文化产业在全国发展位居前列。近年来，江苏在"文化大省"建设目标指导下，文化产业的国内、国际经营也初见成效。特别是全球金融危机以来，江苏文化产业逆势而上，呈现提升态势。但是，相对于欧美、日韩及其他发达国家文化产业的跨国营销和全球营销，江苏文化产业跨行业跨地区经营尚处于以国内经营为主，向出口营销、跨国营销过渡的探索阶段。

近年来，江苏文化产业跨地区、跨行业国际经营战略初见成效。2006、2007年《牡丹亭》《长生殿》在美国、比利时成功演出。2001年以来江苏文化产业通过推进事企分离、组建集团和股份制改造，拥有了江苏演艺集团、江苏文化产业集团、新华日报报业集团、凤凰出版传媒集团、江苏广电集团、江苏广电网络公司六大集团，并基本形成动漫影视、出版发行、广播电视、文化旅游、休闲娱乐、工艺美术、文艺演出等优势文化产业门类。其中，江苏凤凰出版传媒集团融图书、报刊、电子音像、网络等出版物的出版、印制、发行、物资供应、对外贸易于一体，是全国第一家资产、销售双超百亿的出版集团；凤凰集团大力实施外向合作战略，与海外20多个国家和地区的100余家著名出版公司建立了长期友好的合作关系，积极参与"中国图书海外推广计划"，近年来该集团合作出版和版权贸易图书2000余种，年进出口贸易总额5500万美元。集团与法国合作方共同投资、策划，由江苏电子音像出版社制作的《一游记》汉语教学游戏光盘获得首届中华优秀出版物奖，其在欧洲市场销售形势良好，荣获法国"阿德露丝青少年多媒体奖"。2006年8月9日，由凤凰出版传媒集团、美国佩斯大学、南京大学联合建立了中美出版研究中心。该中心致力于培养出版产业的研究和高层人才，合作创办了海外孔子学院，促进国际出版业的产、学、研合作。此外，江苏广电网络公司在全国率先实现省市县三级广电网络互联互通、全程全网，江苏省演艺集团成为全国第一家经营收入超亿元的演艺企业，江苏手机报用户位居全国省级党报集团首位，江苏卫视成为第一家覆盖全国所有地级以上城市的省级卫视。

  2008年9月至2009年3月中英联合在英国举办了以文化活动和教育、体育、环保、经贸活动为内容的"埃郡·江苏节"，取得了重要的成果；2010年江苏文化产业完成增加值1385.5亿元，比上年净增320.5亿元，增长速度高于全省GDP增长速度和第三产业增长速度。尤其是金融危机时期，江苏外贸出口深受影响，但江苏文化创意产业却逆势而上，呈现提升态势。在2009年4月戛纳电影节上，无锡国家动画产业基地的原创动漫《西游记》以10万美元一集创下了亚洲动漫海外发行价的新纪录。此外，大量图书、影像制品在国外的出版发行等，使文化产业已成为江苏外向型经济发展的新增长点。2010年江苏省财政出资10亿元，引导各有关省属文化产业集团公司出资10亿元，设立初始规模为20亿元的紫金文化产业发展基金。基金以股权投资和项目投资的方式，重点投资文化创意、影视制作、出版发行、印刷复制、广告、演艺娱乐、文化会展、有线网络、动漫等文化产业。

江苏文化积淀深厚，多元包容。有利于接受与整合其他文化，构成了文化产业发展的深层历史动因。江苏拥有发达的制造业，近年来，江苏企业抓住全球生产要素优化重组和产业转移这一战略性机遇，实施了新一轮开发战略，建设文化大省、文化强省，它为文化产业的发展提供了非常便利的条件，为文化产业的发展提供了坚定的物质基础。目前，众多的外资企业和跨国公司正加速向沿江、沿海产业带集聚。而由制造业带动起来的商品社会使东部地区正在由小康迈向富裕社会，为文化产业提供了广阔的消费土壤，有益于推进文化产业的兴盛（安宇，2005）。此外，东部及沿海地区科技在全国具有领先优势，它不但加快了文化产业化进程，也给文化产业外向拓展提供了广阔的空间。

与美国、韩国及其他发达国家和地区相比，江苏文化产业还缺少规模优势，江苏文化产业进入国际市场模式单一，运作手段简单原始，缺少规模优势和影响力、竞争力。

这一阶段的江苏文化产业，产业价值链不完善，缺乏稳定、长期的国际、国内市场规划和战略。除了产业内文化企事业单位依靠行政手段，构建几个报业集团、广电集团及演艺集团外，跨行业、跨地区的合作联盟及市场开拓尚处在探索时间。产业市场选择主要在少数区域和几个国家，缺乏稳定性、连续性。而且产品销售、出口主要通过会展等方式进行，具有偶然性。

江苏文化产业在跨区域跨行业市场选择、市场合作方式及进入方式、分支机构设置及满足细分市场需求等方面尚处于起步时期，营销渠道单一，缺少影响力和竞争力。尤为突出的矛盾表现在以下几个方面。

（1）江苏深厚的文化底蕴和现代文明创造活力不可低估，但我们还没有创造出与传统文化、经济力量相匹配的文化力量及产业，在全球文化中处于相对的弱势地位。比较西方文化的输入，江苏文化的对外输出仍然微不足道。当开放和西方消费文化大量涌入，在文化安全和保护民族文化方面，江苏面临着巨大的挑战。

（2）江苏文化产业缺少规模、品牌优势，在提升自身及制造企业全球分工地位方面未能发挥较大作为。由于缺乏创意设计能力及强势品牌，江苏文化产业处于"微笑曲线"的低端，沦为国外相关产业的OEM，如动漫游戏产业，难以有效推动自身及制造企业在全球价值链的攀升，并有可能在新一轮国际产业竞争中沦为配角。

（3）江苏文化产业跨区域市场进入模式单一，主要为展览、电影电视节等会展模式，相对于西方企业的大规模兼并、重组及战略联盟，江苏文化产业运作手段简单原始。

江苏文化产业拥有优势和条件，但也面临诸多阻碍和困扰，突出的问题表面在以下三个方面。

首先，传统观念的负面影响。

近年来，中国文化产业进入了稳步发展的阶段，但计划经济的残留影响依然存在，影响文化产业外向战略的实施。在计划经济时代，文化产业的发展完全脱离了市场体系，其经济属性被相当程度的掩盖，而极大地凸显其公益属性，使其发展失去了活力。改革开放后，基于文化产业属性的特殊性，特别是出于意识形态和精神文明建设的考虑，使得局部地区的文化产业发展仍然障碍重重。因此，观念的转变是文化产业发展的前提条件。

其次，管理体制束缚。

在体制上，文化体制的改革探索日益深入。其目的主要是通过事业和产业单位的区分，实施微观体制改革，打造市场主体。目前，文化产品流通领域的开放已成事实，但书报刊和广电播出机构等产业高端领域实现这一目标还有较大距离。除此之外，由于受体制管理的束缚，行政干预文化产业发展的现象依然存在，这也是影响文化产业发展的重要因素。

中国由于长期受计划经济的影响，文化产业管理上的突出特点就是"管得太多、统得太死，市场性不足，政策灵活性缺失"，限制了文化产业的发展个性和发展活力。中国加入世界贸易组织后，开放的市场为产业的发展打开了门路，但无拘无束的市场同时放纵也带来了很多困扰。近年来，政府在文化体制改革的过程中实施了一些举措，政策制定上也有了鲜明的"放开发展"的趋势，但如何做到"管之有度、放亦有度"，极大地考验着政府的管理水平和管理能力。

最后，江苏缺乏国际水准的创作、经营人才。

文化产业的发展需要大策划、大创意、大制作，世界文化产业发达国家都十分注重文化创意的开发和创意人才、营销人才的培养。江苏拥有非常丰富的文化资源，但如何将文化资源转变成在国际上具有市场价值的文化产品或"江苏制作"，具有国际水准的创意人才、制作人才，同时具有国际营销能力的经营人才的供给非常重要。但我国目前人才的供给还不能满足产业发展的需求。

因此，克服传统观念和体制束缚，建立完善、规范的人才培养机制和管理体系，吸引海内外优秀人才，提高政府公共管理水平和能力，以及产业及企业自身正确的战略选择，对促进我国文化产业跨行业国际经营战略的实施尤为重要。

（二）江苏动画产业跨行业发展现状调查和政策建议

近年来，为贯彻落实国务院《文化产业振兴规划》、财政部等部门《关于推动我国动漫产业发展的若干意见》，以及《江苏省"十一五"文化发展规划》，江苏省在设立动漫产业发展引导基金、激励原创、推进产业园建设、构建公共技术服务体系等方面采取了系列举措，动漫产业发展迅速，已建成常州、无锡、苏州、南京4个国家级动画产业基地，原创动画时长由2006年的9426分钟递增到2010年88部52309分钟，2010年还创作了《东方神娃》《哈皮父子》等一批原创动画精品。原创动画产量、增长速度、优秀动画数量、动漫产业园集中度等均居全国之首。

(1) 江苏动漫产业发展现状。

第一，动漫产业园和企业快速崛起，动漫产业体系初步形成。目前，江苏建成常州、无锡、苏州、南京4家国家级动画产业基地，影视动漫企业近300家。并产生了希际公司、泰山动画、天龙动画、天堂卡通等一批具有一定规模的动漫企业。2009年江苏苏州、无锡两家动漫产业园入围国家影视动画基地5强。无锡、南京、常州2008年、2009年连续两年入围全国原创动画产量排名十大城市。江苏已初步形成以苏、锡、常、宁为中心，以大型骨干企业为支点，大中小企业相互配合、分工协作的动漫企业集群。以优势企业为龙头，集创作、制作、发行、播映、融资及衍生产品开发为一体的产业链已初现端倪。通过产业园企业聚集，江苏动漫产业正逐步形成体系相对完整、结构布局日趋合理、整体技术水平不断提升、市场导向作用日益显著的动漫游戏产业格局。

第二，原创能力跃居国内前列。自2006年江苏首部原创动画《灵觉小和尚》（由苏州汉文动画公司制作）正式播映，经过短短几年的发展，2007年度江苏生产发行原创动画片15569分钟，位居全国第三；2008年，江苏省获准发行的原创电视动画片49部22192分钟，位居全国第二，增幅全国第一；2009年江苏生产发行原创动画69部40314分钟，2010年88部52309分钟，跃居全国第一（王维，2011）。

第三，优秀国产动画项目名列前茅，创意能力不断提升。经历了成长初期的量的积累，江苏动漫正孕育着质的跃迁，动漫创意水准、艺术质量不断提升。2007年，江苏6部原创动画片被国家广电总局评为优秀国产电视动画片，位列全国第二。其中原创动画《东方神娃》被国家广电总局评为原创动画精品。2008年江苏11部、2009年江苏9部、2010年江苏动画制作机构16部原创动画被国家广电总局评为优秀动画片，连续三年位居全国之首。此外，一批优秀的江苏原创动画也在国内外获得大奖：如苏州泰山公司参与制作的动画电影系列片《树袋熊历险记》获得法国吕松电影节最佳动画片奖；苏州宏广公司制作的《少年噶玛兰》获得"金马奖最佳动画影片"，该公司参与制作的《红孩儿大战火焰山》获得台湾最佳动画片奖。南京网巨公司的《EURASIA》、蓝海豚美术电脑动漫制作公司的《雾林之王》和《太阳马》获得国际最著名的动漫节法国昂西动漫节大奖。

（2）江苏动漫产业发展存在主要问题及政策建议。

相对其他省市，江苏动漫产业存在以下问题。

第一，有名品佳作，缺少有影响力的动漫品牌。江苏不乏优秀动漫作品。近年来，江苏省创作的《西游记》《西域传奇》等动画片相继在国内外播出。但江苏省缺少像"喜洋洋""蓝猫"这样深入人心、家喻户晓的原创品牌及动漫形象。在"我最喜爱的动漫"调查中，江苏青少年第一提及率90%为欧美日作品，10%为其他省市原创。

第二，运作模式简单，产业关联度偏低。湖南宏梦、三辰、金鹰卡通卫视等企业通过交叉持股、战略整合及利用风险投资、分享版权等模式，构建动漫及衍生产品投资、制作、发行、播出、营销完整的产业链，使经营领域拓展至传媒广告、旅游服务、商业零售及制造业。江苏省80%以上的动漫企业从事电视动画制作，多是通过独立投资、自行推销及展览、电影电视节等方式生产销售动画作品，媒体、漫画图书、音像出版与第一、二、三产业缺少关联、融合。2007年以来，江苏原创动画片《哈皮父子》《白狐的故事》等打入欧美市场，海外播出版权销售屡创佳绩，但都未能放大成功效应，沿产业链纵向、横向延伸。

第三，收益结构不合理，衍生产品开发不足。推出《喜洋洋与灰太狼》品牌的广州原创动力文化传播有限公司，其播出版权、衍生产品收益分别占30%和60%，2009年衍生产品销售达上亿元。一个动漫"首办"（动漫形象玩偶）售价可达300—600多元，甚至超过电视动画一分钟国内播出费。江苏省动漫企业（经营状况较好的前30%）收入30%—70%为电视播出费，5%—20%为衍生产品。由于衍生产品开发薄弱及国内播出费低廉，江苏86%的动漫企业亏损。受原创能力局限，近两年江苏约1/3时长的动画产品为加工制作，19%的江苏企业由于缺乏自主品牌无法进行"首办"及其他衍生产品开发，只能被动承接动漫产业全球分工及利益分配。

第四，消费群体定位狭窄，动漫产品低龄化。广州原创动力的动漫形象，喜羊羊的聪明、美羊羊的漂亮、沸羊羊的健壮、懒羊羊的单纯幸福，在给孩子们带来欢乐的同时，也引起成人的共鸣。"羊迷"广泛的年龄分布直接反映了广州动漫扎实深厚的消费者基础。江苏省动漫消费目标定位偏重未成年人，动画及衍生产品消费群体主要为10岁以下低龄儿童。受消费人群定位影响，动漫作品题材限为童话、教育，对总人口中80%以上的青少年、成人缺少吸引力。

进一步加强产业规划，打造卓越品牌形象，对提升江苏动漫产业竞争能力、盈利能力具有深远影响。江苏应借鉴先进经验，立足优势，创新产业政策，以产业领军人才培育、推进产业合作及衍生产品开发带动动漫产业发展。具体可采取以下举措。

第一，规划产业发展，部署发展目标。江苏省及南京等城市在2005—2006年相继颁布了动漫产业发展指导意见，推动了萌芽时期的动漫产业规模增长，特别是原创动漫数量提升。但相对深圳、广州等地，江苏缺少前瞻性战略规划、清晰的产业发展目标。江苏省可效法湖南、广州等省市，通过动漫产业规划明确产业定位（战略性先导产业），制定发展目标（产业规模、企业发展目标、人才目标、产业基地建设目标），规划产业布局（空间布局、产品项目、产业链及集群分布），部署发展重点（重点建设基地、动漫工程、品牌及驰名商标），促进江苏动漫产业实现质的飞跃。

第二，实施人才集聚战略，培养引进高端领军人才。喜洋洋的成功归因于卢永强（香港著名编剧、著名词人）及其团队对中国原创动漫的矢志追求。而广州动漫引领全国并成为广州经济发展新的增长点，当地政府创新人才培养、培训、引进政策功不可没。特别是在吸引领军人才方面，广州采取了系列举措，如由产业发展资金给予投资者总投资额5%的奖励、对重点动漫企业年薪超12万元的高级动漫人才按上年度已缴纳个人所得税的35%—45%给予奖励等，以人才队伍数量、质量上的飞跃带动产业跨越式发展。江苏省可学习广州等地的经验，进一步完善并落实动漫人才奖励、创业投资、安居、子女入学、出国（境）等方面的优惠政策，通过"留学人员创业基金""技术创新基金"倾斜、投资和个人所得税奖励返还等措施优化创业、安居环境，用事业、情感、待遇吸引、集聚高层次动漫人才。

第三，完善产业政策，激励名品培育和衍生产品生产销售。江苏对动漫企业的奖励政策局限在发行播放环节，对在国内播出的本土原创动画给予每分钟800—3500元的奖励，但对播出时段、获奖动画及国外播出、获奖动画缺少细化的奖励措施，对衍生产品开发营销也缺少制度激励。一是可参考广州、厦门等地条例，细分奖励标准。对境外有影响电视台播出的二维、三维动画由新闻出版和广电局设立专项基金分别按每分钟2500元、3500元给予奖励；对获得市级、省级、国家级、国际性权威奖项的原创动漫，由产业发展基金一次性分别给予10万元、40万元、60万元、100万元的奖励。加大对驰名商标、黄金时间段播出动画的奖励扶持力度，引导企业培育有影响力的名优精品。二是借鉴广州经验，延伸产业激励政策，对进入动漫基地、与动漫链接的衍生产品企业，按高新技术企业给予专项资金、税收、贷款贴息等方面扶持、减免和优惠，为衍生产品营销创造环境氛围。

第四，构建动漫产业联盟，建设跨行业合作交流平台。江苏动漫产业没有覆盖全省的合作交流平台。因此，江苏一是可以引入北京、上海模式，由政府牵头，组建以江苏广电等传媒集团为龙头，以动漫产业园及优势动漫企业为主体，高校、研发机构、衍生产品制造企业参与的动漫产业联盟。二是设立动漫产业专项资金，重点支持建设动漫公共信息及研发营销服务平台。

第五，引导企业扩展消费群体，丰富动漫产品。江苏动画产业功能偏重未成年人道德教育，媒体、题材、内容形式选择也是产品定位狭窄的影响因素。为此，江苏省可学习湖南、深圳等省市的举措，通过强化产业战略性先导产业地位及政策调控，引导企业将目标消费人群从低幼儿童扩展到全年龄。可通过动漫题材年度规划管理、动漫题材制作备案公示、发行许可、动漫及衍生产品投资指导目录等制度，指导企业把握题材导向和投资方向。一是促进企业在影视动画基础上，开发漫画及手机、网络动漫。二是引导动漫企业结合目标人群偏好及产业关联，创作爱情、科幻、赛车、运动等多种题材、风格的作品，吸引青少年及成人。三是激励中外授权商投资开发适宜不同年龄、文化背景消费群体的衍生产品和娱乐设施，满足差异化的消费需求。

（三）江苏文化产业跨行业国际营销的基本策略

（1）高科技国际传播渗透策略——以"江苏特色"弘扬"江苏文化"。

即加大科技投入，应用网络传输、数字化、通信卫星、数字电视等高科技传媒，搭建江苏文化价值、文化产品向全世界扩展、传播的"桥梁"。

在这方面，美国经验对江苏文化产业跨行业、跨地区国际经营提供了借鉴。美国利用电子媒介，通过开放战略倾销和政治运作，向世界推广美国价值观念和文化产品，其文化扩张伸展、渗透到世界的每个角落。美国文化霸权地位的取得除了其政治和经济基础，科技含量占据很大比重，尤其现代大众传媒，直接构成了美国文化产业的输出机器。随着美国通讯网络的全球扩张，美国成为世界范围内大众传播的最大收益者，同时也是全球大众传媒的总策划和总导演（刘墨，2008）。

涵盖深远、丰富多彩的江苏文化，为文化产业提供了广袤的创作沃土。江苏文化产业在外向扩展过程中，可通过高技术传媒、电子商务，以影像出版、演艺产品为先导，以创意为动力，进行文化意识形态的国际传播渗透，将江苏特色的文化元素渗透到各个视听传媒及产品之中。通过不同传媒、不同的艺术载体，将各种"文化资源"与最新数字技术相结合，建立大众文化生产和消费方式，全方位宣传江苏悠久历史和现代文明，成功实现江苏文化和价值的创造性转化。从蜚声中外的江南丝竹、江苏民歌，妇孺皆知的苏州评弹、扬州评话，独具特色、闻名遐迩并声誉卓著的江苏传统民间手工技艺，云锦、苏绣、缂丝、紫砂、堆花、扬州漆器、玉器、明式家具、扬州剪纸、无锡泥人、桃花坞年画、雨花石,到现代江苏发展成就、企业经营业绩及故事传奇……向世界展示江苏特色、文化价值理念及江苏文明的自我更新、自我再生、自强不息,塑造具有悠久历史及现代人文特色的"文化江苏""特色江苏"形象。

(2) 实施品牌创意策略——由"江苏文化"创造"江苏制作"。

即打造特色品牌,通过对江苏文化挖掘、创意、改编,创作有国际市场价值、有规模、特色优势的江苏文化产业品牌群体——"江苏制作"。

江苏地处长江下游,东临大海,西连楚地,北接齐鲁,南依吴越。黄河、长江、淮河诸文化的碰撞、交会和融合,使江苏文化气象万千而又特色鲜明。如前所述,江苏历史悠久,其传统文化按地域划分,有以苏、锡、常为中心的吴文化,以徐、淮、扬为中心的楚文化,以宁、镇为中心的六朝文化。此后以小说为代表的明清文化,《水浒传》、《西游记》、《红楼梦》、《儒林外史》、三言二拍等古典名著均出自江苏籍作者之手或与江苏有关。江苏也是资本主义萌芽及现代企业文化的诞生地。因此,江苏不仅拥有丰富的历史故事,而且形成了具有鲜明时代特色的现代传奇。

作为中华文明多元一体的摇篮之一,江苏不仅有着丰富多彩、弥足珍贵的物质文化遗产如苏州、扬州的园林及中山陵、总统府等民国文化建筑群,同时,也有着绚丽多姿、令人叹绝的非物质文化遗产。仅以戏曲为例,江苏有 20 多个各具特色的地方戏剧,比较著名的有昆剧、苏州评弹、锡剧、扬剧、淮剧、淮海戏等。其中昆剧被称为"百戏之祖",是中国最古老的剧种之一,对京剧和许多地方剧种都产生过较大的影响,2001 年 5 月被联合国教科文组织确定为"人类口述和非物质遗产代表作"。除昆曲之外,江苏的古琴也是世界人类口头和非物质文化遗产。

寻找区域优势、打造品牌群体是文化产业发展的重要举措。如韩国，除了韩剧，其网络游戏也占据亚太市场的半壁江山及中国内地市场75%份额。江苏也完全可以利用本土文化传统优势如戏剧、传统小说等独特的艺术，立足民族感打造区域文化品牌，占据国内外文化产业市场。如独具江南风情的《茉莉花》，充满国粹魅力的评弹、戏剧完全有资格走入国际市场，形成品牌效应。

江苏可以充分利用各类文化遗产，创作具有江苏标识和江苏特色的影视、演艺、网游品牌。这些作品风格既要充分融入现代元素和国际的审美时尚，同时注重用国外观众特别是国外青少年喜闻乐见的艺术形式、艺术语言，增加内容产品的可看性和趣味性，打入国际市场，在获取票房价值的同时，扩大江苏影响。

江苏品牌的创作、传播过程，包含不可分割的两个层面。一个层面是推出既属于江苏又属于世界的文化精品，即将江苏特殊性的经验、史实转化成为人类普遍性文化资源，江苏核心价值、文化理念、中国价值普世化的过程。除了使江苏文化和精神的核心价值被世界所了解，也为世界文化对话提供一个重要的新视角，为世界文化做出江苏独特的贡献。另一层面，是大众文化生产消费的成功运作和国际化水准的提高，在文化产业、娱乐业和文化消费品上获得广泛群众基础和持久成功。

文化产业的品牌创意策略具有区别于其他产业的特殊性，包括必须关注品牌内容创作、明星经纪、产业链经营及消费主体等特点。因此，在文化产业集团中，多采用多品牌策略，不同的品牌形成自身的商业模式，而这些品牌和业务之间可能形成一加一大于二的效果，形成产业链的整体价值效应（邹广文、徐庆文，2006）。

在传承创新及大众文化生产方面，美国经验具有重要启迪。美国文化的开放性善于吸收融合全世界先进的文化，使其构成本国文化产业的深层文化基础。在美国高度发达和科技领先世界的前提下，大力开放本国文化，吸收其他国家先进文化加以美国式的改造，如将中国的《花木兰》改编成的动画片，在全球放映总收入达3亿美元（刘墨，2008）。

除了历史文化遗产的重新改编，江苏现代经济、文化建设的精神风貌和发展历程，也可改编、创作出具有区域特色，满足现代人们审美娱乐需要的现代影视、书画等系列作品。特别值得重视的是，创作具有时代气息的影视、音像出版、漫画、网游等作品，形成具有规模、特色优势的"江苏制作"或"江苏创意"，在国内外影视、娱乐市场产生持久深远的辐射力、影响力和吸引力，对提升江苏形象、推动文化产业及关联产业发展具有积极作用。像韩国，以电影、电视剧、网络游戏为龙头产品的外向出口，不仅带动了国内旅游、文化产业、家电、汽车业等一系列"商业链条"，而且极大地提升了韩国国家的"软实力"（杜冰，2005）。

（3）产业市场组合进入模式——借"江苏制作"营销"中国制造"。

产业跨行业、跨地区、国际市场的进入模式包括市场选择、市场进入方式和进入市场战略次序选择。国际市场的组合打入模式即通过国际市场选择、进入模式和进入市场次序的综合选择，构建覆盖全球的文化产品及衍生产品的生产、销售、服务、消费网络，将江苏文化产品及服务推向国际市场，同时带动江苏旅游及优势产品——"中国制造"的国际国内销售。

由于江苏文化产业跨行业跨地区国际营销处在初级阶段，在市场选择上，最初可采取市场集中策略和细分策略，把资源集中在少数几个国家或区域的特定细分市场上，以及少数几个持续增长、最有发展前途的市场。在这些市场上的优势建立、企业国际经营的实力、经验丰富后，可选择市场多元化战略，进入新的、更多的潜在市场，逐步开展高级阶段的跨国营销和全球营销，构建完善的全球价值网络。当然，在此过程中，应在资源、能力、市场潜力评估的基础上，淘汰、放弃缺乏盈利能力的市场。

由于国际市场的复杂性，企业必须调整进入的策略以适应市场的特殊需求。复杂性是指同顾客、竞争对手、媒体和政府等打交道时产生的困难程度。在这种情况下，不同文化和竞争状态所带来的因素使信息的解释及企业经营更为困难。

市场的复杂性迫使企业从一个广阔的有效选择中选择它的进入方式，这些选择包括不同程度的支出及风险：从分支机构、合同制造、出口、许可、特许经营、战略联盟到兼并、重组等直接投资。

进入较为熟悉的国别市场，并且地理邻近、文化相似的市场，市场复杂程度低，在进入方式选择上可采取经销、代理、出口和合同经营。在市场复杂程度低并采用市场集中策略的时候，许可经营和特许经营等形式较为合适。而对一些市场复杂程度高、文化差异较大的欧美市场，可和当地公司合作、全资或建立战略联盟。因为面临复杂、陌生的营销环境，与国外企业形成合资或其他联盟方式，寻找当地的合作伙伴，可减少复杂因素，并方便与当地机构、顾客、雇员、政府代表进行协调。

当产业在国内、国际发展到成长后期和成熟期时，可采取市场多元化战略，在市场上进行购买、并购等直接投资方式。当采用市场多元化策略时，企业也可与合作伙伴形成战略联盟，如合资或营销合作协议等形式。

跨地区或国际市场进入的战略次序除了考虑产品生命周期的概念，还要权衡市场进入子市场的多少。作为长期的目标，选择的若干市场也许是相互联系和相互依托的。这意味着第一个进入的市场将影响后续市场的进入。即在进入最初的特定区域或海外市场成功以后，对进入后续市场的决策。因此，不仅要仔细考虑选择进入的第一个地区或海外市场，而且作为一个管理过程也要考虑进入市场的次序。对于那些跨国管理经验很少的江苏文化企业来说，应采用风险规避、可逆和学习型路线进入国内其他区域市场及国际市场。当成为经验丰富的跨国公司后，则就致力于使净现值最大化，同时进入多个地区、国别市场。

文化产业走向国际，会受到各种壁垒，因此，必须根据资源环境约束采取权变策略，选择具体方式进入目标市场。在有些情形下，单纯靠市场力量难以达成产业目标，需要政府的政治运作及推动。

如电影。很多国家为了保护自己的民族文化，制定了相应的抵制国外电影进入自己市场的各种政策及措施，对电影产业实行管制。包括自誉为门户开放的美国，也成立了专门的机构管理国外市场的电影引进发行事务，防止其他国家利用政府力量抵御美国电影入侵（Pendakur，1985）。印度就成功抵御了美国电影产业的冲击，其成功的经验在于，印度政府将互惠政策（互相引进）正式纳入与美国MPPDA的合作协议中，要求在印度引进美国电影的同时，美国必须引进印度电影，并对暴力、色情和恐怖片严加控制。而法国政府在对电影产业实施严密管理保护的同时，也积极引进外国电影鼓励国际交流。法国的国家摄影中心（CNC）作为法国政府所属的电影产业管理部门，为支持法国电影的国际化，协助举办一年一度的戛纳电影节。

江苏文化产业跨地区、跨行业全球经营，是使江苏的优秀产品及文化企业本身走向国内、国际市场，开展国内国际竞争与合作。"走出去"战略可分为两个层次：第一个层次是商品层次，是指文化商品和要素的国内国际营销；第二个层次是资本层次，是指直接投资，涉及海外直接投资、合资、并购、重组等。

在进入新的国际市场时，江苏企业要充分利用自己的强势品牌，对文化产品及衍生产品进行许可或特许经营，以赢得客户或顾客的信心。强势品牌除了与充分的获利机会相联系，也是特许经营的核心。体现在商标上的企业名称和企业信誉，是产品及服务提供过程中至关重要的元素。产品进入特定市场后，企业的品牌名称和商业信誉传到市场，消费者会渐渐熟悉这些产品名称，从而产生顾客忠诚及高附加值。

江苏文化企业可通过国际展销会、比赛、出口、战略联盟、国际合作经营、并购、合同制造、合同经营（许可、特许）等多种方式组合，有计划、有步骤构建跨行业跨地区国际营销体系，不仅将自己的文化产品——"江苏制作"（produced by Jiangsu）销往全世界，而且推动"中国制造"（made in China）的国际国内营销。

应当注意的是，文化企业的并购、联盟和合作也有着自身的特殊性。合作对象是优秀的具有品牌价值和互补优势的关联企业，而不仅仅是为了扩大规模。

美国建国历史不长，但美国政府非常注重促进、保护和开发国内外文化资源，通时积极实施全球文化扩张策略，使自己快速从"文化资源小国"变成"文化产业强国"。除了政府推动及政治运作，美国跨国公司、集团对美国文化产品、文化势力及制造业产品逐步扩大到国外市场的进程，起到了巨大的推动作用，如时代华纳、迪士尼。在发展战略上，并购成长、特许经营是其发展和全球扩张的重要途径。这些跨国企业在美国自由经济的旗帜下，一面将美国文化商品肆无忌惮地销往每个民族国家的文化市场，另一方面日益增加对外投资，进行跨国并购或特许经营，组建了全球性的文化产业营销网络。文化市场突破地域限制，使得文化产业与制造业一起成为美国财富的主要来源。到目前为止，美国已经在世界范围内建立了稳定的文化产品销售市场，特别是影视业等在世界范围内建立了庞大的销售网络，具有超强实力，产品一经推出，便可迅速销往全球。

同样，韩国的影视明星们在国外的影响对本国旅游、家电及汽车产业也产生了切实的拉动效应。"韩剧"不仅构成许多国家（如中国）百姓日常娱乐消费的重要元素，而"韩国制作"（produced by South Korea）更是有效地带动了韩国的入境旅游及韩国产品——"韩国制造"（made in South Korea）的全球销售（杜冰，2005）。

经过几十年的改革开放，包括江苏在内的中国文化产业和制造业已经得到快速发展。中国已经成为世界各种产品的主要供应国。但是，中国文化产业链还不完善，文化产品的影响力仍然有限，文化贸易逆差还比较大。由于国外消费者对中国的负面印象，包括江苏制造在内的中国产品和服务不但不能获得应有的价值和市场份额，反而常因低价受到发达国家和消费者的歧视。因此，当中国文化产业及制造产业营销遭遇瓶颈特别是受到金融危机冲击时，在变革调整的同时，借助文化产业全球价值网络营销功能和"原产国效应"，将有助于中国产品的国际营销。

江苏文化产业在跨行业跨地区国际经营过程中，文化企业与传统制造企业的合作整合，逐渐发展成具有竞争优势的跨国公司至关重要，通过他们的国际化经营，弘扬江苏特色文化，提升江苏"软实力"，扩大文化产品及关联产品的国内国际营销。

参考文献

[1] 杨东涛：《江苏文化史论纲》，《东南文化》1996年第1期，第16—20页。

[2] 刘墨：《美国文化产业发展战略对我国文化体制改革的启示》，《新东方》2008年第8期，第39—42页。

[3] 许辉：《六朝文化与江苏文化大省建设》，《江苏地方志》2003年第3期，第31—33页。

［4］安宇：《和谐社会的区域文化战略：江苏建设文化大省与发展文化产业研究》，中国社会科学出版社2005年版，第1页。

［5］王维：《22万分钟！2010年度全国电视动画片产量创新高》，http：//www.comicfans.net/research/industry/2011/02/21/09462122639.html。

［6］新华日报：《江苏动画产量全国第三，原创动画已初具品牌效应》，http：//indu·arting365·com/cartoon/2008 - 01 - 28/1201490772d184872·html。

［7］邹广文、徐庆文：《全球化与中国文化产业的发展》，中央编译出版社2006年版，第1页。

［8］刘墨：《美国文化产业发展战略对我国文化体制改革的启示》，《新东方》2008年第8期，第39—42页。

［9］杜冰：《韩国文化产业发展现状》，《国际资料信息》2005年第10期，第25—28页。

第九章

企业动漫角色商品化权收益影响因素的灰关联分析

　　动画收益是一个典型的跨行业经营的结果。本项目通过文献研究、案例分析和实地调研，提出基于"动漫形象资产—动漫角色声誉—营销管理能力—制度环境友好性"的动漫企业角色商品化权收益的四要素分析模型。通过灰关联分析显示：对当期商品化权收入影响最大的是制度环境友好性，其次是营销管理能力、企业的动漫形象资产及动漫角色声誉；对后期商品化权收入影响最大的是动漫角色声誉，其次是制度环境友好性，企业的营销管理能力以及动漫形象资产。

　　角色商品化权是著作权人将动漫作品中的形象应用于商品或服务中获取商业利益的专有权利。动漫企业将动漫形象许可或特许授权其他企业开发玩具、文具、服饰等衍生产品和自行经营与动漫形象相关的衍生产品，所获得的收益为动漫角色的商品化权收益。在中国，动漫版权交易价格低，版权收入难以支撑动漫企业的制作、推广成本，动漫角色的商品化权收益是动漫企业获得收益的重要途径之一。

一 研究变量及研究假设

(一) 研究变量、度量指标及研究假设

本研究通过文献研究、案例分析和实地调查,确定基本研究变量、度量指标,并提出基本理论假设。

1. 动漫形象资产

即企业用于形象授权和衍生产品开发的动漫形象资产的数量及价值大小,包括通过法律途径注册的商标和未注册的动漫形象资产的价值。Kevin G. Riveted 和 David Kline (2006) 研究指出,专利、商标等知识资产是最有价值且最为灵活的公司资产,能为企业创造新的收入和丰厚回报。企业收入增长与企业专利、商标注册申请及实施量增加正相关。奥飞动漫公司注册了500多件高水平的文字和图片商标,成套的图片商标既可作为商标使用,又可作为产品进行产业化开发生产。奥飞动漫2010财年实现营业收入6.02亿元,毛利率为32.69%;2011年1—3月实现营业收入2.78亿元,同比增长90.13%;其主要经营是卡通形象授权及动漫玩具开发经营。广州恒询网络科技有限公司将原创的本土网络人气卡通"黑黑猪""白白猪"等卡通形象进行商标注册,并在毛绒玩具、贴纸、小饰品等产品市场全面展开品牌形象授权。本研究用形象、商标注册费用作为动漫形象资产的度量指标。由此,提出如下假设:

H1:动画企业形象资产与企业角色商品化权收益正相关。

2. 动漫角色声誉

何英、焦洪涛(2005)研究指出,角色商品化权应是作品中塑造的具有独特人格特征、良好公众效应和商业流通价值的角色声誉被用于商品或服务上的具有排他性的使用权与相应的收益权、处分权。谢婕(2005)认为"知名度""著名"是动漫形象"商品化"

的首要特征。被"商品化"的角色大多为公众所知的、享有一定声誉的动漫形象。国际知识产权组织（WIPO）称角色商品化为"声誉商品化"。商家利用知名动漫的角色商品化权也是想通过知名动漫形象的声誉吸引消费者，提高企业及其产品的知名度从而获取商业利益，而不知名的动漫形象难以获得理想的效果。由此可见，动漫角色的商品化权益取决于其来源动画作品的影响及动画形象的声誉大小。因为动漫作品的刊播实为动画形象的广告宣传，动漫角色声誉与动漫在电视、影院、网络、手机及平面媒体的播映、发行传播的范围、时长高度相关。本研究采用版权收入作为衡量动漫角色声誉的衡量指标，包括电视、网络、手机播出费、影院票房收入、杂志发行销售收入等。由此，可提出如下假设：

H2：动漫角色声誉与动漫企业的角色商品化权收益正相关。

3. 营销管理能力

营销管理能力是动漫企业自建销售渠道及通过特许授权其他厂商生产经营动漫衍生产品、拓展营销网络的能力，包括对销售网络、授权制造商及整个衍生产品价值链的控制、协调能力和整合营销能力。Sonoma（1998）揭示了企业营销管理能力与企业利润、销售额的关系。Anderson 等（1997）认为营销管理能力可提高客户满意度，赢得和保持顾客忠诚，提高企业收入。湖南三辰卡通动画公司自 1999 年开始投入创作《蓝猫淘气 3000 问》，随后免费送给 1000 多家电视台播出，换取广告时间，然后宣传蓝猫品牌的图书、音像、服装、玩具等各种衍生品。与此同时，三辰启动了一个庞大的蓝猫专卖连锁店计划，通过加盟连锁方式，用 3—4 年时间在中国建立了 3000 多家主题连锁店，衍生品数量多达 6000 余种。三辰的产品基本通过 OEM 方式获得。三辰的资本主要集中在动画片制作、拍摄、专卖店系统设计和管理等高价值领域。但与这种快速扩张的授权方式相伴相生的是衍生产品鱼龙混杂，相邻甚至同一品类的重复形象授权及盗版"蓝猫"现象的横行，极大地摊薄了被授权商的利润，也造成了市场的混乱无序。在随后的两三年内，近3000家"蓝猫"专卖店陆续关张，只有少数几家仍在坚持。整个市场上，蓝猫衍生产品销售下降。

具有较高营销管理能力的动漫企业可自行开发或授权相关企业生产开发衍生产品，包括软性产品，如虚拟角色广告代言、手机动漫、网络表情（QQ表情）等，以及硬产品（玩具、文具、服饰等）。广州原创动力公司销售的喜羊羊、暖羊羊玩偶带来了可观的收入，通过特许经营等形式，将"喜羊羊"等形象出售也可获得收益。动漫企业的营销管理能力直接关系到动漫衍生产品授权经销网络和自营销售渠道的拓展，并影响动漫角色商品权化转化为商业价值的有效性。动漫形象给自己和授权厂商带来的衍生产品收入高，被许可或特许的企业数量多，动漫企业的角色商品化权经济收益高（李敏，2012）。本研究将动漫企业和授权企业的衍生产品收益作为动漫企业营销管理能力的度量指标。由此，提出如下假设：

H3：企业营销管理能力与动漫企业的角色商品化权收益正相关。

4. 制度环境友好性

对动漫企业而言，其生存的制度环境与企业商品化权收益高度相关。由于商品化权属于知识产权，因此，本研究制度环境的内容主要考察知识产权制度完善程度和保护水平。Rapp和Rose（1990）按各国专利法法律条文与美国商会建议的最低标准的符合程度确定各国知识产权保护等级。但韩玉雄、李祖怀（2005）认为，对于司法体系正在完善阶段的转型国家而言，由于立法与司法不能完全同步，采用立法指标所度量出的知识产权保护水平与实际可能并不相符。他们的研究引入"执法力度""执法效果"的概念，将法律规定的知识产权保护条款是否得到落实作为知识产权保护水平的度量维度。马虎兆、赵莉晓认为知识产权制度实施效益是知识产权发展水平的重要因素。他们以各地区知识产权侵权案件的执法数量代表地区知识产权保护水平进行研究，知识产权制度执法效果与知识产权制度环境具有正向关系。

中国法律没有明确的商品化权概念。动漫角色的知识产权立法及保护均由《商标法》《著作权法》及相关判例进行规范。因此，在静态的知识产权法规方面，与国际标准是一致的，并且各区域差异不大。但在执法力度、执法效果方面，各地区具有较大差异。此外，企业自觉利用法律保护行为也对制度环境的友好性有重要推动作用。因此，本研究综合考虑政府和企业行为两方面因素，用企业采取法律手段维护自己的著作权和角色商品化权所投入的资金人力和工商部门查处的盗版、侵权商品量的价值总和作为制度环境友好性的度量指标。本研究以工商部门查处的盗版、侵权商品量作为制度环境友好性的度量指标。地方政府重视动漫知识产权的制度保护，执法严密，市场盗版、假冒行为少，则显示制度环境具有友好性。反之，若产品盗版、仿冒流行，有法难依、执法不严，则易对动漫企业的商品化权收益产生负面影响，并给动漫企业造成重大损失。2006年，从大商场、超市、批发市场到小商小贩，各种侵权、盗版"蓝猫"产品泛滥。仅盗版"蓝猫"VCD、假冒署名的出版社就有16家之多。据中国音像协会数据，盗版"蓝猫"VCD占市场的90%以上。其他产品如服装、书包、文具、童鞋、方便面、饮料、糖果食品、复读机等盗版"蓝猫"也很猖獗。盗版使"蓝猫"原创动画碟片、图书的销售受到严重影响，损害了"蓝猫"的信誉度，降低了其他企业进行衍生产品的开发销售的积极性，使三辰公司的角色商品化权收益连年走低。与之相反的成功案例是恒询网络科技公司。2007年该公司发现"白白猪"竟然印在某商店展示的床品上，于是采取法律手段维护自己的著作权和角色商品化权。此案胜诉后，恒询网络科技公司和床品公司达成协议，授权床品公司使用他们的系列卡通动漫公仔形象。床品公司曾经生产了一批印有"白白猪""黑黑猪"的毛毯，因为官司打起来了，一直不敢拿出来卖。授权协议达成后，床品公司立即将这批毛毯拿出来销售，销量理想，由此也吸引了其他厂家要求许可经营。由此，提出如下假设：

H4：制度环境友好与动画企业的角色商品化权收益正相关。

（二）模型构建

由所有研究假设本研究构建了动漫角色商品化权收益的影响因素模型，见图9—1。

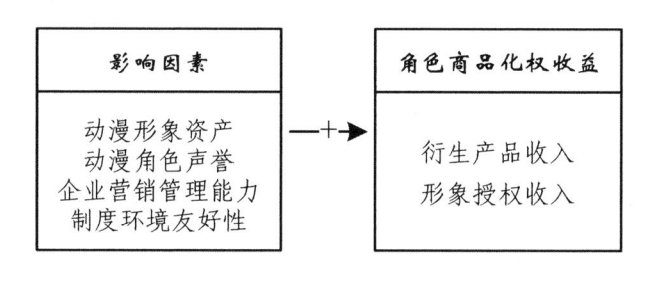

图9—1 研究模型

二 实证研究

（一）数据收集

本研究采用判断抽样方式，选择南京、无锡、苏州、常州、杭州、长沙、广州、深圳、北京等地10家成立5年以上、动漫制作经营进入发展阶段的中小动漫企业2010年数据为依据进行分析。其中，动漫角色声誉、营销管理能力、动画形象资产分别采用各企业年版权收入、衍生产品收入和形象商标注册申请费用计量，制度环境友好性计量指标采用企业保护动漫资产投入和所在城市工商部门提供的已查处相关企业动漫角色盗版、仿冒数量（金额）计量。

表9—1　　　　　　　角色商品化收入与影响因素原始数据

企业	商品化权收入	动漫角色声誉版权收入	营销管理能力衍生产品收入	动漫形象资产形象商标注册费	制度环境友好性动漫保护投入和查处盗版仿冒商品金额
1	57	272.8	751.1	10.1	35.1
2	68	293.4	887.8s	9.4	36.2
3	91	343.3	768.7	8.7	44.5
4	135	745.6	773.5	9.5	45.6
5	109	574.5	781.2	9.4	52.8
6	146	751.8	791.5	5.7	51.8
7	113	456.1	875.4	9.6	52.3
8	126	505.2	834.5	7.2	50.8
9	112	452.3	696.3	8.8	35.1
10	123	465.7	771.6	7.3	11.2

数据来源：实地调研。

（二）灰关联分析

以表9—1中商品化权收入为参考序列，其他各参数为比较数列，利用一般灰色关联度方法通过灰色系统计算软件得出各影响因素的关联度及关联度的大小排序的相关结果（见表9—2），分析中考虑了时滞的影响（也就是因素1可能不会当期影响因素2）。为了对分辨系数有一个直观的认识，表9—2中还列出了分辨系数为0.4和0.3时的计算结果。

表9—2　　　　　　　　　关联度及排序

影响因素	时滞期数	分辨系数为0.5 关联度	排序	分辨系数为0.4 关联度	排序	分辨系数为0.3 关联度	排序
动漫角色声誉	0	0.5077	4	0.4605	4	0.4027	4
营销管理能力	0	0.5418	2	0.4994	2	0.4479	2

续表

影响因素	时滞期数	分辨系数为0.5 关联度	排序	分辨系数为0.4 关联度	排序	分辨系数为0.3 关联度	排序
动漫形象资产	0	0.5396	3	0.4931	3	0.4351	3
制度环境友好性	0	0.6220	1	0.5774	1	0.5195	1
动漫角色声誉	1	0.6674	1	0.6292	1	0.5787	1
营销管理能力	1	0.5318	3	0.4862	3	0.4299	3
动漫形象资产	1	0.4702	4	0.4239	4	0.3682	4
制度环境友好性	1	0.5668	2	0.4970	2	0.4389	2
动漫角色声誉	2	0.6107	1	0.5690	1	0.5160	1
营销管理能力	2	0.5747	3	0.5349	3	0.4863	3
动漫形象资产	2	0.5636	4	0.5189	4	0.4629	4
制度环境友好性	2	0.5718	2	0.5274	2	0.4714	2
动漫角色声誉	3	0.6405	1	0.6035	1	0.5561	1
营销管理能力	3	0.5560	3	0.5127	3	0.4590	3
动漫形象资产	3	0.5030	4	0.4590	4	0.4059	4
制度环境友好性	3	0.5611	2	0.5160	2	0.4744	2

三　研究结论

根据表9—2可得出以下实证结论。

（1）无论从时间维度还是参数维度均验证了理论分析的结论，即角色商品化权收入与动漫角色声誉、营销管理能力、动漫形象资产均成显著的正比关系。

（2）通过当期关联分析可知，在评价的4个影响因素中，对当期商品化权收入影响最大的是制度环境友好性，其次是营销管理能力、企业的动漫形象资产及动漫角色声誉；这反映了即时投入因素中，制度环境友好性对角色商品化权收入的影响最大，其次是营销管理能力。从管理学角度分析，原因可能是，政府对市场侵权盗版的打击规范、执法严格，企业在营销策略、营销渠道等营销管理能力方面的提升也能为企业带来同步的商品化权收入,可见,如果动漫企业要在短期获得收益须注重生存环境的选择,并在营销上下功夫。

(3)通过时滞关联分析可知,在评价的4个影响因素中,对后期商品化权收入影响最大的是动漫角色声誉,其次是制度环境友好性,营销管理能力以及企业的动漫形象资产。这反映了四种因素中,动漫角色声誉对角色商品化收入的影响是滞后的,但其后续影响却是最大的,可见,从长远发展角度来看动漫企业需要重点提升该因素。

(4)通过两个维度的灰关联排序结果可知,地方制度环境的友好是制约动漫企业短期和长期发展的关键。因此,一方面建议动漫企业在先期选址和经营上充分关注当地制度环境,另一方面也建议定位发展动漫产业的地方区域,应该优先提升当地知识产权保护意识和执法力度;其次,数据显示,动漫角色声誉的重要程度甚至超过形象资产。由于动漫声誉投入无法立即体现在账面上,因此,动漫企业应该具备长期投入的战略眼光,不仅注重培育动漫资产数量,更要关注提升动漫角色的知名度和声望。

参考文献

[1] R. Kevin G. Riveted, David Kline. Discovering New Value in Intellectual Property. Harvard Business Review,2006(7).

[2]何英、焦洪涛:《关于角色商品化权法律保护的思考》,《华中理工大学学报》2005年第14卷第2期,第31—34页。

[3]谢婕:《商品化权及保护》,《成都大学学报》2005年第4期,第31—33页。

[4]黄维:《十只"蓝猫"九只假 卡通产业陷入盗版困局》,

http：//culture. people. com. cn/GB/22226/68486/68498/4979784. html，2006－10－31。

［5］Sonoma, Thomas V. *Marketing Performance Assessment*. Harvard Business Press, Boston, 1998.

［6］Anderson, Eugene W. , Formal, Claus and Rust, Roland T. Customer satisfaction, productivity and profitability: differences between goods andservices. Marketing Science, 1997, 16, 2, 129 – 145.

［7］李敏：《中小企业动漫角色商品化权收益影响因素的灰关联分析》，《工业技术经济》2012年第4期，第89—93页。

［8］Rapp, R. T. , Rose, R. P. Benefits and costs of intellectual property protection in developing countries. *Journal of World Trade*, 1990, 24: 75 – 102.

［9］韩玉雄、李祖怀：《关于中国知识产权保护水平的定量分析》，《科学研究》2005年第3期，第377—382页。

［10］马虎兆、赵莉晓：《区域知识产权发展水平影响因素的实证分析》，《中国科技论坛》2007年第11期，第29—32页。

第十章

外来性劣势与中国电影北美票房绩效的实证研究

  作为全球最大电影市值、竞争最为激烈的区域,北美是各国制片厂商获取经济绩效、展示影片国际影响力的重要战略性目标市场。20世纪以来,中国电影创造了良好的社会经济效益。国内票房自2003年的11亿元人民币上升到2016年的457亿元人民币。但在北美市场却显示波动、下降的趋势:根据著名电影网站Boxofficemojo的统计数据,中国电影2004年、2006年在北美创下6571万美元、3145万美元的总票房纪录后,出现了大幅下降。2009年年度总票房下滑到60多万美元,此后几年缓慢回升,2013年上升到780多万美元,2014年降为300万美元,2015年约为660万美元,2016年达到1155万美元(时光网),但未超历史最高纪录。

  如何理解中国电影北美票房的不确定性?什么原因导致中国电影北美票房波动?文化和观众偏好是否影响中国电影北美票房?本文通过2003—2016年138部北美上映中国电影数据的对数回归、分位数回归分析,以期揭示中国电影北美市场面临遭遇的外来性劣势、文化距离对其北美票房波动的影响,从而为中国电影构建国际竞争优势、提高海外票房绩效提供理论依据和营销对策。

一 文献综述

Hymer（1976）等最早关注到跨国经营的外来性（foreignness）和外来性劣势（Liability of foreignness）问题。外来性被大多数学者界定为由于东道国和母国之间的文化、语言、法律、政治、经济的总体差异和地理距离而产生的不熟悉或心理文化距离。相对熟悉外部环境，拥有消费者专有知识，与当地政府、同行保持沟通联系的本土企业，外国公司会在东道国失去其专有优势而处于劣势（Cuervo-Cazurra et al.，2007），即"外来性劣势"。Jisun Yu 和 Sung Soo Kim（2013）等认为外来性劣势是由于陌生（unfamiliarity）、歧视（discrimination）、关系（relationship）风险使外国公司遭遇不成比例的持续成本、较低的生存率、较多的内外冲突和较低的技术效率。在外国市场上，由于不被当地大多数经销商、观众所熟悉，加至文化产品对特定文化环境如语言、历史和习俗的嵌入性，使得它进入国外市场时会受到外来性劣势的困绕。但当跨国企业采取恰当的战略、策略，并逐渐被东道国消费者接受时，其外来性劣势会被克服，企业和产品的吸引力会上升（Heeyon Kim，Michael Jensen，2014）。

20世纪80年代末，为解释媒介产品跨文化流动中的不平衡现象和美国媒介产品的全球主导地位，Hoskins（1988）等媒介经济学家构建了规模经济和"文化折扣"的微观经济理论。"文化折扣"指由于文化和社会价值的差异，以及缺乏相应的知识背景及语言能力，观众不可能完全理解并欣赏来自国外的媒介产品，由此形成外来产品的价值"折扣"。这一理论的基本假设是拥有较大国内市场规模、优质资源和较大预算能力的美国媒介生产商享有优势市场地位,经济理性驱使他们投资"巨片",并在国外市场享有较小"文化折扣"。

另一些学者分析了跨文化经营中电影的国内商业绩效和艺术声誉(国内票房、获奖、专业影评或观众评介)、电影要素(导演、演员及多样化制作团队、拍摄地、体裁)、电影市场和消费者特征(国家间文化距离和观众异质性,Audience Heterogeneity)等电影质量信号对电影国外市场绩效和"文化折扣"的影响。Heeyon Kim、Francis Lee(2009)等在研究电影跨文化绩效时揭示了国内票房对其国外市场票房预测及票房成功的影响。他们的研究显示,当电影生产国和目标市场国文化距离较小时,本土电影观众和国外电影观众的偏好更为接近,电影本土票房可作为一个有力的商业信号,对相应的国际票房成功的预测作用较大。相反,两地文化差异较大,国内商业绩效难以作为一个有力的市场信号帮助其获得国际市场的商业成功。Francis Lee分析了好莱坞不同体裁电影在东亚九国"文化折扣"的差异性,以及制片商选择爱情、家庭、友谊等"普世主题(universal themes)"、本土化(localize)、合拍等策略对降低电影的文化特质(cultural specificity),保持美国电影跨文化绩效可预测性的作用。

前述外来性劣势、"文化折扣"理论和电影跨文化绩效的研究主要是探讨欧美企业和电影跨国经营,缺少针对中国电影国际经营的分析。尤其是规模经济及"文化折扣"理论不能充分解释中国电影国内票房规模优势但较低的北美票房绩效的实际,并且关于电影市场、消费者、电影自身等因素与电影国际票房的关系并没有得出一致结论。本文通过不同阶段、不同投资方组合、演员组合、不同体裁、获得不同奖项中国电影北美票房、本土票房的相关性分析,揭示中国电影北美市场经营面临的障碍,以及北美票房绩效不确定性产生的原因,并为提高中国电影北美票房提供新的理论思路和实践方向。

二 数据收集和描述性统计

首先通过Boxofficemojo然后通过艺恩中国票房（http://www.cbooo.cn、http://58921.com）和中国电影网（http://www.1905.com）等网站收集2003—2016年中国电影在北美放映的共计138部北美票房及相应电影的中国票房数据（其中14部由于未在大陆放映或数据缺失，没有中国票房数据）的电影（见表10—1）。

表10—1　　　　　　　中国电影北美年度放映及票房

时间	北美票房（美元）	平均单片票房（美元）	初始电影数量	用于分析的电影数	中国票房（美元）
2003	23630180	3375740	7	4	37973170
2004	65718303	6571830	10	6	152946340
2005	19881543	4972385	4	3	60952380
2006	31452828	10484276	3	3	67619050
2007	4624270	2312137	2	2	21952380
2008	640206	71134	9	7	45495240
2009	627047	627047	1	1	43944445
2010	1091771	181962	6	4	293223810
2011	1733431	115562	15	15	295355560
2012	2683410	127781	21	20	745342300
2013	7848396	373733	22	21	1155753525
2014	3163811	351534.56	9	9	408920634.92
2015	6597871	549822.58	12	12	1103754182.86
2016	11545387	679140.41	17	17	1740142919.81

数据来源：笔者根据Boxofficemojo、http://www.cbooo.cn和http://58921.com等网站整理。

三 对数线性回归、样本选择偏差分析及分位数回归分析

首先通过文献分析选取实证研究变量指标,并确定变量指标及计量模型。然后通过对138部北美上映中国电影数据进行对数回归分析、样本偏差分析和分位数回归分析。

1. 文献分析、变量选择及理论模型

基于外来性理论(Cuervo-Cazurra et al., 2007; Jisun Yu and Sung Soo Kim, 2013; Zaheer, 1995; Sethi and Guisinger, 2002; Eden, L. and Miller, S. R., 2004)以及电影的产品特性,本文选择受中国电影北美市场进入时间影响的客户关系(国外制片厂、经销商、观众对中国电影故事熟悉程度、组创人员的认知态度、熟悉程度、支持力度)、受文化距离影响的观众偏好差异、电影嵌入的文化内容等维度以分析影响中国电影北美票房不确定性的原因。并选择北美市场进入时间、电影主创人员(导演和主演)影响力、北美观众对中国电影故事熟悉程度(改编或续集)、国际同行的认知态度(是否国际获奖)、北美制片商(是否参与制作或合拍)、发行商影响力及支持力度(上映银幕数)、文化距离、文化内容,以及中国票房作为影响中国电影北美票房的主要变量及指标。

(1)观众故事熟悉程度与中国电影北美票房。

文化产品流行性是基于新奇性和熟悉性的均衡(Alvarez et al., 2005; Cillo et al., 2010)。消费者需要一定的新奇性去欣赏它,也需要一定的熟悉性去理解一个产品(Brewer, 2009; Elberse, 2007)。一方面,如果电影太过陈俗,内容和形式缺少创新,对观众会缺少吸引力。另一方面,如果电影太过新颖,观众对电影叙事

方式、表达内容、背景及主演、导演完全陌生，也会影响消费者对影视作品的判断。从需求角度看，电影等文化产品在一个国家的票房与当地消费者的消费品味或偏好高度相关。而消费品味是一个通过消费逐渐累积、学习进化的过程（Blaug，2001；Cowen T.，1989）。Moon 等（2010）学者研究证实观众观看某类体裁的电影越多，会越偏爱此类体裁。一般来说，小说改编的电影在开幕周里表现更好（Joshi and Mao，2012）；续集比其他电影时常有更为突出的表现和绩效（De Vany, A. S. and Walls, W. D.，2004）。这可能不仅是因为成功改编原创或创作续集，也是由于消费者偏好他们已经熟悉的文化产品（Peltoniemi, M.，2015）。在北美，中国电影符合新奇性或异域风情这一条件，因此，内容的熟悉性对其北美票房的影响更为重要。

中国鲜有类似于英美等国的长系列电影，有续集的电影其续集大多不超过两部。可近似将改编和续集视作一个变量以考察故事的熟悉程度。当电影为改编和续集时，观众可能会由于熟悉电影的某些基本元素而选择去观看，反之，太过陌生，选择观影的观众会减少。当电影是改编或续集系列时，变量为1，否则为0。

(2) 主创影响力与中国电影北美票房。

主要考察导演、主演等明星阵容对北美主流观众的影响力。这显示了外国主流观众对中国电影导演、演员的熟悉和喜爱程度。消费者购买电影、图书、音乐唱片等创意产品，主要是基于与审美情趣、符号价值和感官体验相关的享乐利益。在这些产品中选择通常意味着大量的消费风险。要在消费前评估这些创意产品如电影的不确定性质量，消费者主要以与产品人力品牌（human brands）相关的信息作为降低风险（risk-reducing）的信号，例如电影参演的男女明星（Julian, H. et al.，2016）。随着观众消费一国影片数量提升，消费者会逐渐熟悉该国电影的主创人员、导演和演员等，积累并提升欣赏该国电影的社会文化资本，形成对某国影片或某类型影片的消费习惯和偏好。

按照 Randy 和 Nelson 等（2012）的分析，用一个超级巨星取代一个普通演员，可提升电影票房 16618570 美元。Julian（2016）也揭示有商业成功（票房）和艺术成功（获奖）的明星对电影票房分别有 1.127 和 1.083 的乘数效应。Assis 和 Holbrook（2010）指出消费者更喜欢年轻、异性一线明星和年长的导演。这意味着年轻浪漫的明星及体裁、成熟的导演会对观众产生吸引力。Elberse（2007）的研究也揭示了明星阵容及新星等对提升电影票房的积极作用。在国内，通常近期内较为活跃、成功的艺术家阵容更容易取得良好的销售业绩（Ordanini & Rubera，2004）。如果他们的影响力能传递到国外，也可能取得同样的成绩。但如果国外观众对他们不熟悉，则可能达不到理想的预期。

由于样本中电影导演、演员之前在北美上映电影或国际获奖较少，本文选取相关电影主创人员在该影片上映前分别导演、参演的三部影片的平均评分作为衡量指标。

（3）国际获奖与中国电影北美票房。

获得国际奖项属于电影的声誉绩效或艺术声誉，是衡量文化产品质量的一个重要市场指标。艺术声誉表明此文化产品受专家如评论家、产业同人等群体推崇（Heeyon Kim and Michael Jensen，2014）。尤其是当生产国和市场国文化差异相对较大时，国际获奖可能是一个更为有效的市场信号。国际电影节的专业评委、竞争者均是来自不同国家和地区有声望的专家和同行，他们更可能分享普遍的惯例和标准。参与评价的电影专家无论是业内人士如演员、导演或业外人士，如电影学者、评论家、媒体人士，他们都富有产业经验，或受过正规的电影生产和理论教育。更重要的是，他们看过大量不同的电影，使他们在电影评价和普遍价值方面有深广优势。

他们熟悉专业话语体系便于跨越文化障碍进行沟通。像其他专业团体的成员一样，产业专家、电影学者和评论家分享普遍的制度规范和范式，从而能提供一个包容广泛差异观点和跨越国家特质偏好的产品评价视角。而观众——甚至是那些相对见多识广、对外国电影比较开放的电影观众——总体上是较少熟悉来自文化距离较远国家的价值，他们更多地依赖专家从国外筛选电影。因此，当文化距离较大时，艺术声誉是一个有效提升国际电影成功的影响因素。本文采用影片是否国际获奖作为衡量指标。

(4) 北美厂商影响力、支持力度与中国电影北美票房。

主要考察北美制片厂是否参与投资（合拍）、当地发行商影响力及支持力度。根据守门（gatekeeping）理论（Hirsch，1972；Peterson and Anand，2004，Peltoniemi M.，2015），制片商、发行商是文化产品生产经营选择者的重要组成部分。所谓选择者包括上游选择者和下游选择者。上游选择者即拥有签约创意艺术家的公司（录音唱片公司、电影制片厂）和创意项目的资助者；下游选择者包括媒体、零售商（经销商）、排行榜、评论家和奖项委员会等。上游选择者决定了一个产品是否能够完成，而下游选择者作为专家群体影响一个完成的产品能否成功被消费者接触。中国电影是否获得上游选择者——北美电影制片厂的支持，即表明他们是否参与投资制作或合拍。一般而言，有北美制片商参与制作的电影，能得到其资金、人力、场地乃至后期宣传发行等方面的支持，在国外成功的可能性会增大。而合拍所形成的跨文化团队，有利于激发创意和创新并提高电影的国际票房绩效（Brinja，M. & Thomas，E.，2013）。作为下游重要的选择者，影片国外发行公司在当地市场影响力及宣传策略、营销手段直接关系到电影信息和内容能否被消费者接触并影响着该发行地区的电影票房。Warner Bros、Universal Studios、20th Century Fox、Paramount、Metro-Goldwyn-Mayer、Sony、

United Artist 是北美七大发行公司，具有较高的票房号召力。若电影能被上述几大公司发行，则表明影片得到了北美主流发行商的认可和接纳，能够有更多的上映影院及银幕数，对票房具有积极意义。因此，将是否为合拍、是否为七大公司发行和上映银幕数作为衡量影片是否得到当地制片商支持，以及发行公司影响力和支持力度的指标。

本研究将是否合拍、是否为七大公司发行视为虚拟变量，若样本影片为合拍、或属于上述发行公司之一，则将该变量置为1，否则，置为0。上映银幕数则直接采用首周上映银幕数。

（5）消费者网络口碑（电影评分/关注人数）与中国电影北美票房。

在信息时代，网络对影片信息传播产生很大影响。一些关于流行性（Popularity）的研究证实产品成功的因素是由于信息流（information cascade）对促销的积极作用（De Vany and A. Lee, 2001）。消费者通过网络相互告知产品质量等相关信息。购买意向也在消费者中传播和循环。一些消费者可能变成趋势的领导者，另一些消费者会选择"从众"，放弃自己的偏好，遵从或模仿他人的意见和行为选择。

上映前期，制片方和发行方会尝试借助现场发布会、媒体及网络推介传播影片信息，如主创人员、内容片断、票房绩效预测等，创造肯定的口碑。这些都会影响消费者是否选择去影院观影。电影一经上映，网上会出现或褒或贬的评论。这些意见或口碑能一定程度上代表观众对电影的认可度，影响其他观众的观影决策和消费需求。Reinstein 和 Snyder（2005）、Ekaterina（2011）在研究用户评论和消费需求时，发现通过对未上映电影的评论分析可较准确地进行票房预测。Basuroy 等（2003）研究发现好口碑能给票房带来积极影响，批判性评论会使电影产生负面口碑从而给电影票房带来消极影响，而极端相互矛盾的信息可能帮助促销（Clement et al.，2007）。

网络口碑以在线评论和网络评分等形式呈现。专业电影网站的电影评分和关注人数（评论人数）是显示网络口碑的重要数量指标，且易于统计分析。电影评分高、关注人数多，则可能正面影响消费者观影行为，反之，则可能产生负面影响。

本文以专业电影网站的电影评分和关注人数作为在线评价或网络口碑的考察量。将电影评分从1到10，依照实际评分进行赋值。关注人数选取具体数值进行赋值。

（6）文化内容嵌入与中国电影北美票房。

电影是具有独特文化含义、多层面创意及符号意义的复杂产品，也是一国文化的高度便携式物质产品。电影是其生产、发展于其中的文化产物。电影反映作家的观念，导演的视角以及演员对脚本的理解，所有这些都不可避免地被文化（即价值、习俗、道德、环境中的制度等）所影响。因此，电影自身的文化嵌入或电影所携带的文化内容会影响电影国外票房的成功（C. Samuel Craig et al.，2005）。

C. Samuel Craig（2005）等认为美国电影在国外的成功，很大程度上取决于当地文化环境和电影文化内容。文化内容是理解和解释文化嵌入性产品成功的重要因素。因为文化差异和电影嵌入的文化内容导致产品不能被当地消费者所欣赏，从而产生较低的票房绩效。Francis L.（2006）的研究也证实，有文化特色内容（cultural specificontent）的文化产品显示相对较低的绩效可预测性，而有文化普适（universal）内容的文化产品则显示相反趋势。

此外，除了文化距离，文化影响的差异还取决于产品自身。因为一些产品比另一些产品有更多的文化嵌入。国内外学者大多选择体裁作为衡量电影文化内容嵌入差异对国外票房及"文化折扣"的影响指标。其原因在于不同体裁显示的文化内涵不同：喜剧或幽默嵌入特定（而不是普遍的）文化中；奇幻和科幻则不一定锚泊在特定文化里（C. Samuel Craig et al., 2005）；动作、科幻或奇幻、惊悚等体裁电影则蕴涵较小文化特征。例如，美国喜剧、剧情片被证明有更多的文化特性或文化嵌入，因而在中国香港有相对较高的文化折扣和较低的绩效可预测性。爱情体裁在好莱坞电影中，属于浪漫、友谊或家庭等普世题材（Lee, 2008）。因而，其美国票房与东亚票房有较高相关性（Francis, L., 2006）。尽管特定的文化成员可能显示出对特定体裁的偏好，但大多学者认为电影体裁并没有跨越国界特别的接受方式。

不同体裁中国电影的文化内涵也是有差异的，并且这种差异对其国外票房及"文化折扣"影响也是不同的。相对具有较高普适内容、较少文化嵌入的动作、科幻、惊悚等体裁的电影，喜剧、剧情、爱情、历史等体裁中国电影可能具有较多的中国文化内涵，因而在北美可能产生较高的"文化折扣"和较低的票房绩效。

本文将剧情、动作、爱情、喜剧、奇幻、科幻、历史等电影体裁作为文化嵌入的考察量，设为虚拟变量。样本影片若属于某类，则将对应类型置为1，其余类型则置为0。一部影片可能同属于两个及以上体裁。

2. 实证分析

（1）对数线性回归。

首先采用STATA软件进行对数线型模型回归分析，探讨中国电影北美票房的主要影响因素。结果显示，合拍、演员影响力、导演影响力、分销商影响力、续集或改编、评论人数、国际获奖显著性不足。其可能的原因在于，中国演员和导演在美国市场缺乏影响力。续集或改编的电影太少，对美国主流观众没有吸引力。而中国电影在北美的评论人数总体较少，受北美主流观众关注度较低，因而对票房影响不大。而中国电影国际获奖也较少，且不为北美主流观众知晓。所以，去掉显著性不足的变量重新回归，得到模型及结果如下：

$$\ln Revenue = \beta_0 + \beta_1 \ln Screens + \beta_2 OLRating + \Gamma[Gnere]'_i + \mu_i$$

表10—2　　　中国电影北美票房最小二乘回归系数

(OLS regressions coefficient)

lnRevenue	B	Std error	Sig.
Action	−0.009	0.293	0.974
Comedy	0.238	0.255	0.351
Drama	0.503**	0.247	0.044
Roman	0.452*	0.256	0.081
History	0.295	0.376	0.434
Fantacy	0.324	0.364	0.375
Sci-fiction	0.377	0.776	0.628
lnScreens	1.083***	0.070	0.000
OLRating	0.243**	0.096	0.013

注：***表示P<0.01；**表示P<0.05；*表示P<0.1。

分析数据（表10—2）显示，剧情体裁、爱情体裁、观众评分、银幕数对中国电影北美票房有较为显著的积极影响。其中，放映银幕数和观众评分显示分销商的支持力度和观众的认可度，它们对中国电影北美票房有积极作用。动作体裁、喜剧体裁、历史体裁、科幻、奇幻体裁未能通过检验。剧情体裁、爱情体裁对中国电影北美票房有一定提升作用。

根据Francis（2006）和C. Samuel Craig等（2005）等学者的研究，动作体裁文化嵌入相对较低，对电影海外票房有提升作用。在北美放映中国电影中，动作片是最早出口北美的电影类型，也是近年来占比较大的电影体裁,但中国动作体裁对电影北美票房影响不显著。其可能的原因是动作片中放映银幕数、电影票房差别巨大,发行商支持力度的显著差异导致动作体裁的显著性不足。

通常奇幻、科幻体裁文化嵌入相对较低,但研究结果却显示对中国电影北美票房影响的显著性不足。而按照最初判断,剧情体裁应该是嵌入相对较多的中国文化内涵,但计算结果却显示其对中国电影北美票房提升有一定作用。这一结论也与前人(Lee,2006;C. Samuel Craig et al.,2005)研究相反。中国爱情体裁对其北美票房具有积极影响,这一结论与 Francis 等人的研究相似。

喜剧体裁、历史体裁未能通过检验,其原因可能是由于该类体裁蕴涵有更多的传统文化,以及中国、北美文化观念的差异及观众偏好差异而导致北美观众难以理解并欣赏中国式幽默,中国复杂的朝代更迭及故事,这一研究与前人的研究相似。

(2)样本选择偏差(selection biases)分析。

2003—2016 年每年中国生产并上映大量影片。其中只有少量电影出口到北美。由于电影国际分销商、代理商在确定电影出口北美时影片选择并不具有随机性,即影片的抽样决策和经销商或代理人的有意识选择或自选择行为会造成统计分析无法实现无偏差。因此,参照 Francis Lee(2009)等学者的研究方法,采用 Heckman(1979)二阶段模型,将中国票房引入作为自变量。其原因在于电影的国内票房是衡量电影投入产出的重要综合指标,也是确定影片能否出口的主要因素。一般而言,国内票房较高的电影,其导演、制片人的出口意愿越强,影片被选择作为出口的可能性越高。

选取 2003—2016 年 1616 部在中国大陆上映的中国影片数据进行分析,得到结果如下。

表10—3 基于 Heckman 二阶段分析的中国电影北美票房影响因素的回归系数

Impact of factors after the Heckman two-step procedure

Lnusbox	Coef.	Std. Err.	Sig
Action	-0.093	0.269	0.730
Comedy	0.051	0.239	0.832
Drama	0.385*	0.228	0.092
Roman	0.424*	0.234	0.070
History	0.243	0.342	0.478
Fantacy	0.086	0.347	0.806
Scifict	0.472	0.700	0.500
Rating	0.267**	0.088	0.002
lnscreen	1.060***	0.064	0.000
lambda	-0.720***	0.230	0.002

注：*** 表示 $P<0.01$；** 表示 $P<0.05$；* 表示 $P<0.1$.

表10—3 显示，选择偏差修正后的结果仍然支持前面的对数线性回归分析的结论。爱情体裁、剧情体裁、观众评分、银幕数对中国电影北美票房有较为显著的积极影响。

但是，在考虑选择偏差的情形下，各变量对中国电影北美票房的影响与对数线性回归条件下有所差异。剧情体裁的回归系数下降较大，爱情体裁的回归系数有所下降。观众评分的回归系数略有上升，放映银幕数的变化不太明显。说明不考虑选择偏差时爱情、剧情两个体裁对中国电影北美票房的作用被高估了，而观众评分的作用被低估了。

（3）分位数回归分析。

票房分布的特点具有无穷变化（infinite variance）。De Vany 和 W. D. Walls（1999）曾以不对称性和重上尾（the asymmetry and heavy upper tail）描述电影票房不确定性特征。本研究电影样本在北美的票房分布差异较大。前述对数线性回归分析揭示各解释变量对中国电影北美票房影响的总体特征，但难以详尽描述各变量对分布差异化北美票房电影的边际效应，并揭示票房不确定性的原因。因此，为了进一步探讨中国电影在北美票房的不确定性根源，本文参照 Walls 和 McKenzie（2012）、Francis Lee（2009）的论文，采用分位数回归方法以更为精确地描述观众评分、放映银幕数对北美票房在分布不同分位票房（高位票房、中位票房或低位票房）电影的异质性边际影响。

采用 STATA 软件对电影数据进行分位数回归分析，研究结果如图 10—1：

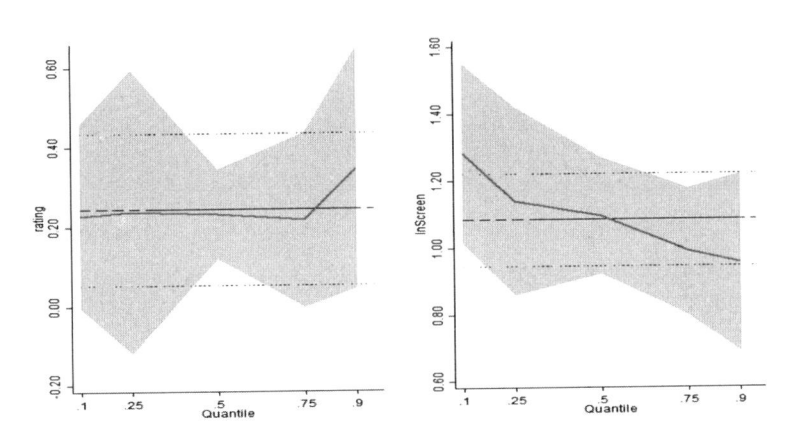

图 10—1 在线评分和放映银幕数的分位数弹性估计

(Elasticity estimates by quantile: Rating, Screen Number)

相对先述的对数回归分析，分位数回归揭示观众评分、银幕数变量对不同分位票房中国电影的动态边际效应。观众评分、银幕数在对数线性回归中显示正相关，但分位数回归显示它们对不同分位中国电影北美票房的边际效应存在差异。

研究显示，观众评分对电影票房有显著的正向作用，高分位票房观众评分的回归系数高于低分位票房观众评分的回归系数。观众评分或观众口碑对高票房电影的影响相对更大。观众评分增长对提高低分位票房和高分位票房电影有着更为显著的边际递增效应，且评分对高分位票房的正向影响更大，而对中位票房电影的边际效应相对较小。这一结果也验证了 De Vany 等对信息流（information cascade）促销作用的结论。

相应地，银幕数对北美票房的总体影响呈下降趋势，对高分位票房电影的递减效应显著。即上映银幕数对越高分位票房电影的积极影响越小，则说明当票房已经较高时，单纯银幕数的增加对票房增长的作用下降。

四　研究结论及讨论

根据上述研究及检验结果可以看到，由文化差异所形成的消费者偏好是中国电影北美票房的重要影响因素。这一点与 Hoskins（1988）、Francis 和 Lee（2009）；W. Wayne Fu, & Tracy K. Lee（2008）等媒介经济学家的规模经济和"文化折扣"理论相似。但与这一理论不同的是，客户关系（上映银幕数、观众评分）、电影文化嵌入等因素成为影响中国电影北美票房的重要因素。根据上述研究结果，得出以下结论。

（1）客户关系薄弱阻碍中国电影北美票房提升。

包括北美厂商（制片商和发行商）、主流观众对中国电影故事、主创团队的熟悉程度和支持力度。研究显示，中国导演影响力、演员影响力、故事熟悉程度没有通过检验。这一定程度上表明，中国电影导演、演员群体和中国电影故事在北美缺少相应的整体影响力、吸引力。其原因可能是北美主流观众观看中国电影数量过少，对中国导演和演员团队、电影风格陌生，未形成追星或粉丝等消费群体及消费偏好。

第十章　外来性劣势与中国电影北美票房绩效的实证研究 / 123

　　在内容、结构和情节上，相对好莱坞电影的简洁叙事和普世价值，中国电影所反映的中国史实、较为缓慢拖沓的叙事方式，以及喜剧片、历史片所反映的古今中国人独特的王朝兴衰、人伦关系和社会矛盾等，对北美观众来说相对陌生。北美主流观众对中国电影的语言、社会文化环境、演职员和电影风格缺少深层认知和认同。加至中国电影创作人一直专注于国内市场，不了解北美主流观众的电影偏好及其快速变化，导致北美观众难以被这些反映他们陌生生活情境、故事的电影所吸引。

　　（2）文化差异依然是导致中国电影较低北美票房绩效的原因。

　　电影层面的数据显示，单片票房有《飞龙再生》、《英雄》和《霍元甲》、《三峡好人》等几部电影的北美票房高于其国内票房，其他都远低于国内票房。中国电影虽然有着较大的国内市场规模和较高的国内票房，但在北美表现不佳。根据"外来性"理论，中国电影北美票房较低的原因在于以下几点。

　　首先，北美观众缺少欣赏中国电影的文化胜任力。中国与北美面临较大的地理距离和文化距离。相对日本、韩国等亚洲国家及消费者，美国观众不同于中国观众的文化偏好、欣赏水平；尤其是美国主流观众缺少欣赏中国电影的背景知识或文化胜任力、其他形式的文化资本，较大的文化伦理价值、社会规范、语言的差异也降低了中国电影对北美观众的吸引力。同时，中国电影生产者对北美主流观众缺乏了解，无法把握并预测其消费偏好及快速变化，使得中国电影在北美市场只能获取较低的票房绩效。

　　其次，语言是北美主流观众理解中国电影的重要障碍。相比东南亚国家，北美国家主流观众使用的英语与汉语之间缺少语言亲缘性。以美国为例，中国电影发行的区域主要在旧金山、纽约等少数华人聚集区域，观众主要为华人，上映银幕数较少。2010年9月至2011年2月，共有《唐山大地震》等7部影片进入美国院线发行放映。其中,《唐山大地震》在 24 家影院放映,虽然加了英文字幕,但原版的中文对白显然难以吸引美国主流观众(李怀亮,2011)。

(3) 文化嵌入导致各体裁中国电影对其北美票房的影响差异。

根据 Lee(2008)等人的研究,爱情体裁在好莱坞电影中,属于浪漫、友谊或家庭等普世题材。因而,其美国票房与东亚票房有较高相关性。本研究显示,爱情体裁对中国电影北美票房提升却有着较为显著的积极作用。奇幻、科幻体裁在好莱坞电影中,由于采用"去文化化"(de-acculturation)、非美国化策略,降低电影内容的文化特色(less culturally specific),从而提高了此类美国影片在全球流行。其场景多为缺少文化背景的无名之地或未来时空,同时运用最先进的特效、壮观的画面,并配有动作、简洁叙事和公平、正义等"普世化"主题,因而吸引了大量外国观众。但中国奇幻、科幻体裁电影对北美观众缺少吸引力,其原因可能是中国奇幻、科幻体裁电影在特效、场景、情节、叙事水平和技巧上尚处于模仿好莱坞电影阶段,与美国电影有一定差距,对北美主流人群缺乏新奇性。尽管由于中国、北美不同的文化价值理念、家庭伦理,以及影片内容包含更多的中国文化内涵,中国爱情体裁、剧情体裁仍然对中国电影北美票房产生了相对较为显著的积极影响。中国功夫片是进入北美时间较早、较多的影片类型,但是,动作体裁对中国电影北美票房提升的影响不显著,这一结论与 Lee(2008)等人的研究不一致。其可能原因是,超过三分之一的影片为动作片,其质量参差不齐,这时,影片的票房收入则主要受其所属其他体裁类型及因素的影响。

(4) 陌生风险制约中国电影北美市场票房和发行数量提升。

中国电影北美市场的陌生风险包括北美观众对中国电影的不熟悉,以及中国电影人对北美市场的陌生。中国电影企业和电影人缺乏在北美经营的社会资本和知识资本积累，中国电影制作、发行和推广一时难以融入北美商业网络，与北美发行商、媒体、电影同行等建立紧密的伙伴关系。

数据显示，中国电影北美票房随着其北美市场进入时间增加出现下降和波动。从中国电影北美市场发行、播映的历史看，中国电影进入北美的历史不长且不连续，北美市场对中国电影比较陌生。1913年第一部中国进入国外的电影《庄子试妻》在北美放映。其后，20世纪40年代，共有18部影片在美国等国放映，主要以武侠片和古装片为主。此后，经历了长期的停滞，直到1985年，《茶馆》等影片到美国上映，中国电影才重启走出国门的步履。以陈凯歌、张艺谋为代表的中国导演以电影节参与方式把中国电影推向世界。陈凯歌的《黄土地》、张艺谋的《红高粱》等相继获国际电影节大奖，提高了中国电影在国际市场的知名度。但总体上，北美主流观众对中国电影并不熟悉。

从市场进入模式上看，中国电影进入国外市场从20世纪80年代以文化交流为主，发展到目前文化交流和商业运作方式结合。后者包括自办发行、影视节目展览和交易会、委托代理发行和合拍等国际市场打入方式。但大多数电影主要从电影节上寻求发行，成功机会过于偶然而不具备可复制性。海外自主商业渠道滞后，国际运营、营销推广水平低是制约中国电影被国际知晓的瓶颈，难以提升中国电影输出的数量、进度和绩效。

（5）关系风险加剧中国电影北美票房波动。

中国电影北美市场关系风险之一是北美厂商支持力度。中国电影北美上映银幕数和是否合拍，显示了北美发行商和院线、制片商对中国电影的支持力度。上映银幕数波动和是否中美合拍，是21世纪初中国电影是否得到北美发行商、制片商支持配合及票房波动、下降的重要原因。

研究显示北美上映银幕数对中国电影北美票房有相对较大的积极影响，但发行商影响力没有通过检验。按照实际数据，中国电影在北美大多为小规模放映，上映银幕数均为几个或十几个。只有《飞龙再生》（上映银幕数2652个）、《太极侠》（银幕数110个）、《英雄》（银幕数2031个）、《十面埋伏》（银幕数1189个）、《功夫》（银幕数2503个）、《无极》（银幕数213个）、《霍元甲》（银幕数1806个）、《满城尽带黄金甲》（银幕数1234个）等影片上映银幕数超过100。这说明绝大多数中国电影在发行放映上没有得到当地影院及国际发行企业的支持和配合。

21世纪最初几年中国电影在北美的成功，是因为与国际电影公司合资、合拍，并得到美方发行公司的大力支持。2003—2006年为中国电影进入北美的黄金期。中国电影千万级北美票房的几部影片《飞龙再生》等都在这期间发行上映。其成功的原因在于，负责发行的美方企业投入了大量人力、物力营销推广，并在院线大规模放映。这几部影片均为中美合拍并由美资企业参与投资、负责发行，在北美有1000—2000家影院的上映规模并进入北美外语片票房前十。而此后的合拍片却只有较小的上映银幕数。这可能是合拍对中国电影北美票房的影响没有通过检验的原因。随着美国独立电影发行商的式微、好莱坞大制片厂经营上的收紧，以及中国对外资介入电影业的政策管制，哥伦比亚亚洲、迪士尼中国、中影华纳横店三方合资公司近年陷入停滞。中国电影只能寻求自主出口，并且不再能得到北美片商宣传发行上的大力投入。艺术影院里零星的上映规模，只能得到微不足道的商业回报。

（6）歧视和跨国经营成本是中国电影北美市场面临的突出风险和代价。

歧视风险是指发行商、经销商、媒体公众对外国电影的偏见和不公。跨国经营成本则是指某国电影为适应外国市场选择并实施相应策略所承担的额外成本。

近年来，为降低语言差异、提高中国电影及演员、制作团队对外国观众的票房号召力，中国电影创作者已开始尝试采取具体的创作策略和内容策略，以适应北美主流观众的审美偏好。有十几部影片出于剧情需要和票房考虑，邀请了个别北美观众熟悉的国际影星加盟。如《金陵十三钗》邀请好莱坞战争特效团队和好莱坞影星克里斯蒂安·贝尔担任男主角。拍摄前对演员进行为期不短的英语和演技培训、50%的英语对白、编剧为好莱坞专业编剧严歌苓和号称中国第一编剧的刘恒。该片付出了远高于国内发行影片的投资和成本。但美国发行方 Wrekin Hill Entertainment 在公映前除安排两场媒体观摩外，未举办任何公开宣传。首映日仅有二十几名观众到场。该片首映后招致《纽约时报》等英文媒体的极端恶评。影片核心元素如对性的突出、情节漏洞等固然是重要原因，但外国经销商、媒体对中国电影及导演、演员的歧视也是该片北美票房失利的要因。

面对中国和北美社会深层制度、规范、文化习俗差异和观众异质性，要提升中国电影北美票房，构建中国电影在北美市场的"外来性优势"并提升票房绩效，中国企业和电影人应融入北美制作、营销网络，在国外厂商和主流消费者中培育、积累社会文化资本；与此同时，要致力于构建跨国营销体系、打造具有国际价值的中国故事，推进中国电影国际传播。

参考文献

［1］Roodhouse, S. The new global growth industry：Definitional problems in the creative industries—a practical approach. In S. Roodhouse & C. Kelly（Eds.），Counting culture，practical challenges for the museum and heritage sector (chapter 2). London: Greenwich University Press, 2004.

［2］陈林侠：《华语电影的国际竞争力及其作为核心的文化逻辑》，《文艺研究》2013 年第 4 期，第 82—91 页。

［3］马海燕：《2016 年中国电影海外销售收入超 38 亿 连续四年增长》，《中新社》2017 年第 7 卷第 21 期。

［4］Hoskins, C., & Mirus, R. Reasons for U. S. dominance of the international trade in television programmes. *Media Culture & Society*, 1988, 10, 499 – 515.

［5］Waterman, D. World television trade: The economic effects of privatization and new technology. *Telecommunications Policy*, 1988, 12 (2), 141 – 151.

［6］Wildman, S. S., & Siwek, S. E. International trade in films and television programs. Cambridge, MA: Ballinger, 1988.

［7］Johanson, J., & Vahlne, J. – E. The internationalization process of the firm-A model of knowledge development and increasing foreign market commitments. Journal of International Business Studies, 1977, 8 (1): 23 – 32.

［8］Hymer, S. *The International Operations of National Firms: A Study of Direct Investment.* Boston: MIT Press, 1960/1976.

［9］Cuervo-Cazurra, A., Maloney, M., & Manrakhan, S. Cause of the difficulties in internationalization. *Journal of International Business Studies*, 2007, 38 (5): 709 – 725.

［10］Jisun Yu, Sung Soo Kim. Understanding liability of foreignness in an Asian business context: A study of the Korean asset management industry. *Asia Pacific Journal of Management*, 2013, 30: 1191 – 1217.

[11] Zaheer, S. Overcoming the liability of foreignness. *Academy of Management Journal*, 1995, 38 (2): 341 – 363.

[12] Sethi D., & Guisinger S. Liability of foreignness to competitive advantage: How multinational enterprises cope with the international business environment. *Journal of International Management*, 2002, (8): 223 – 240.

[13] Eden, L., & Miller, S. R. Distance matters: Liability of foreignness, institutional distance and owners strategy. Advances in International Management, Bingley, UK: Emerald. 2004, Vol. 16: 187 – 221.

[14] Heeyon, K., & Michael, J. Audience heterogeneity and the effectiveness of market signals-how to overcome liabilities of foreignness in film exports. Academy of Management Journal, 2014, Vol. 57, (5): 1360 – 1384.

[15] Knight, J. G., Holdsworth, D. K., & Mather, D. W. Country-of-origin and choice of food imports: An in-depth study of European distribution channel gatekeepers. Journal of International Business Studies, 2007, 38: 107 – 125.

[16] Nachum, L. Liability of foreignness in global competition? Financial service affiliates in the City of London. Strategic Management Journal, 24: 1187 – 1208.

[17] Nachum, L. 2010. When is foreignness an asset or a liability? Explaining the performance differential between foreign and local firms. Journal of Management, 2003, 36: 714 – 739.

[18] Newburry, W., Gardberg, N. A., & Belkin, L. Y. Organizational attractiveness is in the eye of the beholder: The interaction of demographic characteristics with foreignness. Journal of International

Business Studies, 2006, 37: 666 – 686.

[19] Alvarez, J. L., Mazza, C., Pedersen, J. S. and Svejenova, S. Shielding idiosyncrasy from isomorphic pressures: towards optimal distinctiveness in European filmmaking. Organization, 2005, 12, pp. 863 – 888.

[20] Cillo, P., De Luca, L. M. and Troilo, G. Market information approaches, product innovativeness, and firm performance: an empirical study in the fashion industry. Research Policy, 2010, 39, pp. 1242 – 1252.

[21] Brewer, S. M., Kelley, J. M. and Jozefowicz, J. J. A blueprint for success in the US film industry. Applied Economics, 2009, 41, pp. 589 – 606.

[22] Elberse, A., "The power of stars: Do star actors drive the success of movies?". *Journal of Marketing*, 2007, 71: 102 – 120.

[23] Blaug, M. "Where are we now on cultural economics?", *Journal of Economic Surveys*, 2001, 15: 123 – 143.

[24] Cowen, T. Are all tastes constant and identical-a critique to Stigler and Becker. *Journal of Economic Behavior & Organization*, 1989, 11: 127 – 135.

[25] Moon, S., Bergey, P. K. and Iacobucci, D. Dynamic effects among movie ratings, movie revenues, and viewer satisfaction. *Journal of Marketing*, 2010, 1989, 74: 108 – 121.

[26] Joshi, A. and Mao, H. F. Adapting to succeed? Leveraging the brand equity of best sellers to succeed at the box office. *Journal of the Academy of Marketing Science*, 2012, 40, pp. 558 – 571.

[27] De Vany, A. S. and Walls, W. D. Motion picture profit, the stable Paretian hypothesis, and the curse of the superstar. *Journal of E-

conomic Dynamics & Control, 2004, 28: 1035 – 1057.

[28] Peltoniemi, M. Cultural industries: product-Market, characteristics, management challenges and industry dynamics. *International Journal of Management Reviews*, Jan. 2015, Vol. 17, Issue 1: 41 – 68.

[29] Julian, H., et al.. Empirical generalizations on the impact of stars on the economic success of movies. *International Journal of Research in Marketing*, 2016, 34: 442 – 461.

[30] Randy A., Nelson, & Robert G. Movie stars and box office revenues: an empirical analysis. *Journal of Cultural Economics*, 2012, 36: 141 – 166.

[31] Assis, M. and Holbrook, M. B. Consumers' identification and beyond: attraction, reverence, and escapism in the evaluation of films. *Psychology and Marketing*, 2010, 27: 821 – 845.

[32] Ordanini, A. and Rubera, G. (2004). The release of "greatest hits" in the Italian recording industry: an empirical analysis of strategies and timing. *International Journal of Arts Management*, 6, pp. 24 – 36.

[33] Hirsch, P. M. Processing fads and fashions: An organization-set analysis of cultural industry systems. *The American Journal of Sociology*, 1972, 77: 639 – 659.

[34] Peterson, R. A. & Anand, N. The production of culture perspective. *Annual Review of Sociology*, 2004, 30: 311 – 334.

[35] Reinstein, D. and Snyder, C. The influence of expert reviews on consumer demand for experience goods: a case study of movie critics. *Journal of Industrial Economics*, 2005, 103 (1): 27 – 51.

[36] Brinja, M., Thomas, E. Diversity in teams and the success

of cultural products. *Journal of Cultural Economics*, 2013, 37: 61 – 86.

[37] De Vany, A. Lee, C. Quality signals in information cascades and the dynamics of the distribution of motion picture box office revenues. Journal of Economic Dynamics & control, 2001, 25: 593 – 614.

[38] Ekaterina V. K. Impact of star and movie buzz on motion picture distribution and box office revenue. International Journal of Research in Marketing, 2011, 28: 62 – 74.

[39] Basuroy, S., Chatterjee, S. & Ravid, S. A. How critical are critical reviews? The box office effects of film critics, star power, and budgets. Journal of Marketing, 2003, 67: 103 – 117.

[40] Clement, P., Proppe, D. & Rott, A. Do critics make bestsellers? Opinion leaders and success of books. Journal of Media Economics, 2007, 20: 77 – 105.

[41] Francis L. F. Lee. Hollywood movies in East Asia: examining cultural discount and performance predictability at the box office. Asian Journal of Communication, 2008, Vol. 18, No. 2, June: 117 – 136.

[42] Francis L. F. Lee. Cultural discount of cinematic achievement: the academy awards and U. S. Movies' East box office. Journal of Cultural Economics, 2009, 32: 239 – 263

[43] Francis L. F. Lee. Cultural Discount and Cross-Culture Predictability: Examining the Box Office Performance of American Movies in Hong Kong. *Journal of Media Economics*, 2006, 19 (4): 259 – 278.

[44] Craig C. S., William H. G., & Susan P. D. Culture Matters: Consumer Acceptance o U. S. Films in Foreign Markets. *Journal of international Marketing*, 2005, Vol. 13. No. 4: 80 – 103.

[45] W. Wayne Fu, Tracy K. Lee. Economic and Cultural Influ-

ences on the Theatrical Consumption of Foreign Films in Singapore. *Journal of Media Economics*, 2008, 21: 1 – 27.

[46] W. D. Walls & Jordi McKenzie. The Changing Role of Hollywood in the Global Movie Market, *Journal of Media Economics*, 2012, Vol. 25（4）: 198 – 219

[47] 李怀亮、万兴伟:《中国影视文化产品"走出去"的问题与对策》,《现代传播》2011 年第 11 期, 第 13—17 页。

第十一章

在线评分对中国电影北美票房的影响研究

观众在线评分是电影首映周后影响电影票房的重要因素。本研究选取2001年至2016年共计115部在北美上映的中国电影的北美首周末票房、后续票房和中外在线评分数据,回归分析发现尽管中国电影国内外票房存在显著差异,但国内外评分存在一致性。国内评价较高的中国电影在北美市场也获得好评,并且北美观众好评对中国电影北美首映周后的票房绩效具有重要促进作用。因此,中国电影进入北美市场时,在优先选择国内高在线评分电影作品同时,应注重北美观众在线口碑。

一 引言

2017年2月17日,《长城》在北美首映。这部由中国的电影大师张艺谋导演、好莱坞一线影星马特·达蒙主演的中美合拍魔幻电影在北美3326个影院大规模上映,首周末票房1847万美元,排

第十一章 在线评分对中国电影北美票房的影响研究 / 135

名第三。单从数字来看，《长城》的北美首周末票房[1]（Opening weekend box office）并不算太差，几乎与北美华语片首周末票房纪录保持者《英雄》持平。但上映第六周周末票房降至 9.5 万美元（《英雄》同期票房 123.5 万美元），票房后劲乏力。

就在线评价而言，二者也呈现出巨大差异。在北美主流电影评分网站 IMDb[2] 上，《长城》均分仅 6.1 分，低于《英雄》的 7.9 分；同时，其烂番茄新鲜度[3]只有 35%，而《英雄》则高达 95%。可见，《长城》后续票房式微的同时，北美口碑也遭遇滑铁卢。反观《长城》的国内上映情况，尽管票房表现远超北美，但电影口碑与北美一样低走，其豆瓣评分仅 4.9 分。

那么，中国电影的北美票房表现是否与其在线评分密切相关？电影的中国评分和北美评分之间是否有着内在联系？两种在线评分对北美票房的影响程度又是如何？

理论层面，关于电影跨文化票房影响因素研究，前期的文献分析了国家间文化距离和观众异质性、各种市场信号包括电影国内票房、声誉（获奖）、导演、演员、投资及多样化制作团队、拍摄地点、体裁等（Jordi McKenzie，2009；Brinja Meiseberg et al.，2013；Lee，2006，2009）对电影海外票房的影响，Heeyon Kim 和 Michael Jensen（2014）研究了国家间文化距离和观众异质性所产生的"文化折扣"，他们认为文化差异较大的国家间消费者偏好也会有较大

---

[1] 首周末票房指电影上映的第一个周五到周日的票房收入，这个概念被广泛用于北美电影的相关报道及研究中。北美的周末票房，只计算周五、周六、周日三天票房总和，并依此来排列顺序决定周冠军归属。这样做的科学性主要来源于北美电影基本上全是在周五上映，并且北美放假不会像我国一样进行调休。

[2] IMDb 全称为互联网电影资料库（Internet Movie Database），是在北美有着极高浏览量和用户参与度的电影评分网站之一。

[3] Rotten Tomatoes（烂番茄）是北美一大著名的影评集成网站，网站提供电影评论、电影评分、电影场次预告以及发布预告片等。网站以新鲜的红番茄表示对一部影视作品的正面评价，以砸烂的绿番茄表示对一部影视作品的负面评价，以新鲜度来对一个作品进行整体评价。所以是红色番茄的话，指数越高，电影越精彩。

差异。但上述研究都忽视了电影原产国口碑和电影放映国（海外）口碑是否有较大差异，以及它们对电影跨文化票房的影响。所谓口碑（word of mouth）就是指消费者在群体之间传递的有关产品或服务的正面或负面的评价与看法，且该行为具有明显的非商业目的性（Arndt，1967）。这种消费者之间的产品质量信息流（information cascades）会引导文化产品潜在消费者的消费倾向，从而对产品销售收入产生影响（De Vany，Lee，2001）。

随着互联网的普及，电影的评价信息大量出现在网站及社交媒体上。有别于传统评价面对面交流的局限，在线评价超越时空限制，实现全球范围内的即时传播，更快捷地完成消费者关于产品、品牌或服务的信息交流与互动（Chatterjee，2001）。电影的在线评价是指互联网上观众发布的从接受的角度对影片进行的评价反馈，它反映了电影的艺术表达与其自身期待视域的融合程度。这种用户视角的信息是潜在观影者做出观影选择的重要参考。理论上讲，评价好的电影会引起观影者自发的推介行为，从而增加影片的曝光率，唤起更多消费需求。相反，评价差的电影会打消潜在观影者的观影欲望，不利于影片票房增长。然而现有关于在线评价对电影票房的影响研究却并未得出一致结论。有些学者发现二者存在正相关关系，好口碑对电影票房有显著促进作用（Basuroy et al.，2003；Ekaterina，2011）；也有学者针对某些中国电影国内市场"叫好不叫座，叫座不叫好"现象进行实证研究，发现电影口碑与票房负相关（汪旭晖、王军，2015）；还有学者研究中国的进口片票房与IMDb的评分关系（张玉松、张鑫，2009）、北美电影票房与雅虎网站电影评论关系（Liu，2006）等，均得出电影评价好坏与电影票房高低无关。因此，在线评价与中国电影北美票房绩效的关系值得研究。此外，现有文献主要探讨电影在线评价对总票房绩效的影响，无法解释中国电影北美票房不同阶段表现的差异及其与在线评价的关系，对国内在线评价、国外在线评价对中国电影首周末票房、后续票房的影响缺少针对性的实证研究。

在线评价以在线评论和在线评分两种形式呈现，在线评分比在线评论更直观地量化了观众对某部影片的评价好坏，更便于数据采集和统计分析。本研究选取北美上映的中国电影的中国在线评分和北美在线评分作为电影在线评价指标，评分数据为中外著名电影评分网站豆瓣、IMDb、Rotten Tomatoes 上的普通用户评分，来分析中国电影的中国评分、北美评分对首周末阶段和后续阶段的北美票房的影响。

二　文献回顾与假设提出

已有文献表明电影的首周末票房与后续票房可能存在不一样的驱动因素（Basuroy et al.，2006；Elberse & Eliashberg，2003），电影评分对电影这两个不同阶段票房的影响也可能是不同的。因此，本研究就中国电影北美放映两个阶段的票房与评分关系提出假设。这里中国电影是指包括大陆、香港、台湾企业独立投资或与外国企业共同投资制作并拥有其版权的电影。

1. 电影评分与后续票房

电影评分通常会通过作用于消费者和影院两个方面来对后续票房产生影响（Ekaterina，2011）。从消费者角度来看，电影品质往往是消费者做出观影决策的重要依据（Suárez-Vázquez，2011），与所有体验型产品一样，消费者在观影前对电影品质的评估存在内在复杂性（Inherent difficulty）（Reinstein & Snyder，2005）。消费者评价在信息传播过程中扮演着信息提供者与信息推荐者的角色，潜在消费者通过了解已消费者的评价可以获取关于产品品质方面的信息，以消除购买过程中的不确定性（Bickart，2001）。对于潜在消费者而言，用户的在线评价是其重要的产品信息来源。美国市场研究公司 Jupiter

Research 调查数据显示：77%的网民在线购买商品前，会参考网上其他人所写的产品评价。Forrester 在 2000 年所做调查显示将近 50%的年轻网民依靠消费者在线评价推荐去购买电影。由此可见，在线评价已日渐成为人们观影决策的重要依据。从影院角度来看，其电影排片策略一般分为两类——"激进"型（"Blockbuster" Movies）和"保守"型（"Sleeper" Movies），前者在首周末大规模放映，随后排片量直线下降；后者先于首周末进行小规模放映，随后根据电影获得的评价调整后续排片数（Dellarocas et al.，2007）。良好的电影评价会给影院传递积极信息，促使其增加排片量从而增加后续票房。

H1：北美评分与后续票房显著正相关。

通常，大多数在全国范围内公映的电影会产生动态的大爆炸效应（Dellarocas et al.，2007），首周末票房高则电影评价数量多，从而使电影为更多人知晓，促使潜在消费者到电影院观看电影（汪旭晖、王军，2015）。因此，首周末票房是影响电影后续票房的重要因素，首周末票房高可能会对后续票房产生积极影响。

H2：首周末票房与后续票房显著正相关。

2. 电影评分与首周末票房

一般情况下，北美上映的电影除去有小规模预映的影片，电影上映前观众是无法获知来自本土的观影评价的。并且，预映期产生的电影评分对观众的影响非常有限（Karniouchina，2011）。而输入北美的中国电影，往往在北美上映前已经在中国上映并形成了大量在线评价，诸如豆瓣电影网站上的电影评分以及媒体或社交软件上的评论，这些在线评价由于具有不受时空限制性（Hennig-Thurau，2012）、存储持久性、历史可追溯性（郝媛媛，2010），北美大众可以通过互联网获取到。艾瑞咨询 2011 年 6 月网络调研表明，81.8%的观众会通过互联网获取影片相关信息（王秦英，2014）。由此可见，这些在线评价可能会影响北美观影者是否去电影院观看首映的选择。

H3：北美评分与首周末票房相关性不显著。

H4：中国评分与首周末票房显著正相关。

当北美观众有本土评分可以参考时，中国评分对准观影者的影响会减弱。由于电影消费从根本上说是内容消费，中国电影输出到北美市场会面临内容负载的文化折扣现象（陈林侠，2015），中国观众普遍不看好的电影在北美也可能大受欢迎（如2003年北美上映的《英雄》），因此其中国评分与北美评分可能存在较大差异，与后续票房的关系也随之无法确定。

H5：中国评分与后续票房相关性不显著。

H6：中国评分与北美评分相关性不显著。

变量间关系假设如图11—1所示，实线表示变量显著相关，虚线表示变量间相关关系不显著。

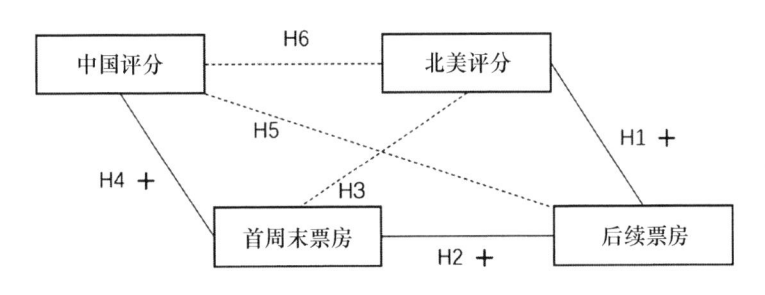

图 11—1 变量间假设关系图

三 在线评分与中国电影北美二阶段票房关系的实证研究

1. 数据收集

本研究主要从 Box office mojo、IMDb、Rotten Tomatoes、中国豆

瓣电影网、中国票房网等网站，收集北美上映的中国电影票房数据和评分数据，对中国电影北美票房与评分的关系进行探索。Box office mojo 是最权威的北美票房统计网，提供了较为全面的中国电影北美票房数据。IMDb 全称为互联网电影资料库（Internet Movie Database），是在北美有着极高浏览量和用户参与度的电影评分网站之一，它的评分均来自观众而非专业影评人。Rotten Tomatoes（烂番茄）是北美另一大著名的影评集成网站，是北美影迷首选的评论和交流社区，网站同时提供权威影评和普通用户评分。因此，为准确的反映北美观众对一部电影的评价态度，本研究选取 IMDb 评分与烂番茄普通用户评分的加权平均分作为其北美评分[①]。电影的中国评分数据采集于中国最大的影评网站豆瓣电影网。鉴于两大北美主流影评网站均创建于 20 世纪末[②]，本研究只针对 2000 年至 2016 年间在北美上映的中国电影展开研究。去掉数据缺失的电影，最后用于分析的电影样本为 116 部。

2. 总体概况

从趋势上来看，2000—2016 年间每年北美放映的中国电影数量虽不多，但总体呈现上升趋势（见表 11—1）。由于近年来国内电影市场蓬勃发展，中国电影国内票房有了突飞猛进的增长，相比之下，无论是每年的总票房还是单片票房，中国电影在北美的表现远不如国内（见表 11—1）。2003—2006 年间中国电影年度总票房和单片票房曾达到较高水平，其中 2003 年《飞龙再生》2222 万美元，2004 年《英雄》5371 万美元、《十面埋伏》1104 万美元，2005 年《功夫》1711 万美元，2006 年《霍元甲》2463 万美元，但之后又回落并长期处于较低水平。与国内外票房呈现明显差异不

[①] North America Rating = （IMDb Rating × number of IMDb Rating ＋ Rotten Tomatoes Rating × number of Rotten Tomatoes Rating）÷（number of IMDb Rating ＋ number of Rotten Tomatoes Rating）.

[②] https：//en.wikipedia.org/wiki/IMDb；https：//en.wikipedia.org/wiki/Rotten_Tomatoes.

同，中国电影的国内外评分表现出较高的一致性。从票房和评分趋势来看，国内总票房、单片票房增长的同时，自2010年起，年单片评分却总体呈现下降的趋势，而北美市场的票房和评分趋势变化较为相似（表11—1）。

表11—1　　　　2001—2016年北美上映中国电影国内外
票房及评分　　　　　单位：美元

年份	样本数	国内票房	北美票房	国内单片票房	北美单片票房	国内单片评分	北美单片评分
2001	4	12629914.25	18808191.00	3157478.56	4702047.75	7.78	7.75
2002	2	802698.41	397372.00	401349.21	198686.00	7.25	7.34
2003	4	37973169.37	23395077.00	9493292.34	5848769.25	6.95	6.84
2004	6	77000000.00	65064649.00	12833333.33	10844108.17	6.88	7.32
2005	2	32222222.22	18553591.00	16111111.11	9276795.50	7.60	7.53
2006	4	96349206.35	32122453.00	24087301.59	8030613.25	5.90	6.88
2007	2	21952380.95	4624274.00	10976190.48	2312137.00	7.60	7.43
2008	6	43177338.84	561369.00	7196223.14	93561.50	7.57	7.11
2009	1	17142857.46	627047.00	17142857.46	627047.00	6.30	7.47
2010	4	316204761.90	680457.00	79051190.48	170114.25	7.35	6.81
2011	12	278319047.62	1428733.00	23193253.97	119061.08	5.84	6.16
2012	13	505752380.95	1659733.00	38904029.30	127671.77	6.65	6.66
2013	17	903028126.98	7625975.00	53119301.59	448586.76	6.28	5.93
2014	9	408920634.92	3163811.00	45435626.10	351534.56	5.79	6.21
2015	12	1103754182.86	6597871.00	91979515.24	549822.58	6.08	6.14
2016	17	1740142919.81	11545387.00	102361348.22	679140.41	6.13	6.29

数据来源：笔者根据Box office mojo、IMDb、Rotten Tomatoes、中国豆瓣电影网、中国票房网等网站数据整理。

具体来看，北美上映的中国电影在国内外的评分标准差较小，平均数均高于5分，说明北美观众对中国电影的接受程度与国内观众相当，总体而言对中国电影持认可的态度。从首周末票房和后续票房情况来看，不同电影间差异极大。后文通过建立回归模型，对中国电影的评分与其北美票房进行相关性分析。

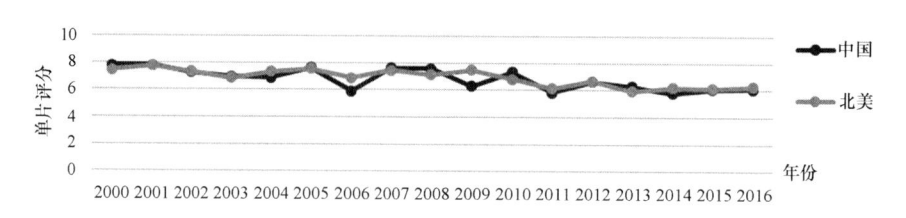

图11—2 2001—2016年北美上映中国电影单片评分比较

表11—2　　　　　　　　中国电影中国、北美评分

	N	最小值	最大值	平均数	标准偏差
中国评分	115	3.4	9	6.466	1.2154
北美评分	115	3.14	8.83	6.526	0.9143
北美首周末票房	115	361	18004319	464664.04	2120530.38
北美后续票房	115	291	127415667	2336498.56	12466020.69
北美总票房	115	820	128078872	2801162.60	13273441.39
有效的 N（listwise）	115				

数据来源：同表11—1。

3. 变量间相关性分析

由于评分和票房单位不同且数量级相差较大，不具备直接的线性关系，因此本研究对北美评分（North America Score）、中国评分（China Score）、首周末票房收入（Opening Weekend Box Office）以及后续票房收入（Subsequent Box Office）进行了对数变换，一方面可弱化数量级相差很大带来的不稳定，使非线性的变量关系转化为线性关系，更方便做参数估计；另一方面可以消除异方差，使回归结果更准确。涉及的变量及含义如表11—3所示。

表 11—3　　　　　　　　　　变量描述

变量	描述
ln*NAScore*	北美评分（取自然对数）
ln *CScore*	中国评分（取自然对数）
ln*OWBoxOffice*	首周末票房（取自然对数）
ln*SBoxOffice*	后续票房（取自然对数）

相关分析是为了判断变量之间是否存在相关关系以及这种相关关系的强弱。本研究用 SPSS 软件对本文涉及的变量进行了皮尔森（Pearson）相关性双尾检验。

表 11—4　　　　　　　　　变量间相关关系

		ln*Cscore*	ln*NAScore*	ln*OWBoxOffice*	ln*SBoxOffice*
ln*Cscore*	皮尔森（Pearson）相关	1	0.768**	-0.084	0.184*
	显著性（双尾）		0.000	0.367	0.048
	N	116	116	116	116
ln*NAscore*	皮尔森（Pearson）相关	0.768**	1	0.103	0.356**
	显著性（双尾）	0.000		0.269	0.000
	N	116	116	116	116
ln*OWBoxOffice*	皮尔森（Pearson）相关	-0.084	0.103	1	0.851**
	显著性（双尾）	0.367	0.269		0.000
	N	116	116	116	116
ln*SBoxOffice*	皮尔森（Pearson）相关	0.184*	0.356**	0.851**	1
	显著性（双尾）	0.048	0.000	0.000	
	N	115	115	115	115

注：**相关性在 0.01 水平上显著（双尾）。

*相关性在 0.05 水平上显著（双尾）。

从表 11—4 可以看出，中国电影北美首周末票房与其北美评分并无显著相关性。这表明在电影上映初期，北美本土评分尚未大量形成的阶段，电影票房往往受其他因素影响。相关性检验同时显示，中国电影北美首周末票房与其中国评分也无显著相关性。这说明虽然中国电影在北美上映前已形成大量来自中国观众的在线评价，但北美观众的观影选择并没有受电影中国评分的影响。原因可能有两点：一方面，电影的中国评价信息没能有效为北美潜在观影者所知。北美发行的中国电影一般是通过微博、微信等新媒体网络宣传进行（蒋燕鸣等，2016），而其主要受众是身在北美的潜在观影者，他们接收到的信息更多来自于北美主流媒体及网站。另一方面，中国电影在北美上映的首周末期间，中国评分可能不是北美观众做出观影选择的重要参考依据。进一步读表可知，中国电影北美后续票房与其中国评分、北美评分、首周末票房均在 0.01 的显著性水平下正相关。同时，电影的北美评分与其中国评分显著正相关。假设结果如表 11—5 所示。

表 11—5　　　　　　　　　　　　　假设结果

假设	结果
H1：北美评分与后续票房显著正相关	成立
H2：首周末票房与后续票房显著正相关	成立
H3：北美评分与首周末票房相关性不显著	成立
H4：中国评分与首周末票房显著正相关	不成立
H5：中国评分与后续票房相关性不显著	不成立
H6：中国评分与北美评分相关性不显著	不成立

4. 回归分析

基于以上分析，为了探索中国评分和北美评分对中国电影北美后续票房的影响作用，本研究建立回归模型对其展开进一步研究。模型中 ln$NAScore$（North America Score）表示北美评分，ln$CScore$（China Score）表示中国评分，ln$OWBoxOffice$（Opening Weekend

Box Office）表示首周末票房，ln$SBoxOffice$（Subsequent Box Office）表示后续票房，下标 i＝1，2，…，N 表示电影样本，α_0、β_0、γ_0、δ_0 均为常数项，α_1、β_1、γ_1、γ_2、δ_1、δ_2 均为常数项，为变量的系数。根据相关性分析可知，中国电影北美评分与中国评分存在高度正相关关系，变量间可能存在多重共线性。因此，先将北美评分以中国评分为解释变量建立回归模型一：

$$NAScore_i = \alpha_0 + \alpha_1 CScore_i \tag{1}$$

如表 11—6 所示，模型一调整后 R^2 模型一调整后 R^2 为 0.607，中国评分解释了北美评分 60% 的变化，模型的拟合优度较高。说明对于在北美上映的中国电影，北美观众和中国观众的评价相似，这与前文描述性统计分析结果一致。由于中国评分和北美评分存在共线性，二者不能同时作为后续票房的解释变量。因此，本研究首先建立后续票房与首周末票房的回归模型二，然后分别加入北美评分、中国评分作为解释变量，与后续票房建立回归模型三和回归模型四，以比较两国评分对北美后续票房的影响力度。

$$\ln SBoxoffice_i = \beta_0 + \beta_1 \ln OWBoxoffice_i \tag{2}$$

$$\ln SBoxoffice_i = \gamma_0 + \gamma_1 \ln OWBoxoffice_i + \gamma_2 \ln NAScore_i \tag{3}$$

$$\ln SBoxoffice_i = \delta_0 + \delta_1 \ln OWBoxoffice_i + \delta_2 \ln CScore_i \tag{4}$$

回归结果显示，模型三在模型二的基础上加入北美评分作为解释变量后，模型整体拟合优度增加了 7%，即北美评分这一变量的加入显著提高了模型对后续票房变化的解释力度。首周末票房和北美评分一共解释了后续票房约 80% 的变化，说明北美评分是影响中国电影北美后续票房的重要因素之一。相比之下，将北美评分替换为中国评分后所得到的模型四，拟合优度不及模型三，说明北美评分比中国评分对中国电影北美后续票房变化的解释力度更大，这一结果也与现实经验相吻合。进一步观察发现，从模型二到模型三，首周末票房的标准化系数减小，说明北美评分这一解释变量的加入，一定程度上削弱了首周末票房对后续票房的影响力度。

表11—6　　　　　　　　　　回归分析结果

模型	被解释变量	解释变量	标准化系数	样本数	F值	调整后R^2
一	北美评分	中国评分	0.781**	116	178.5**	0.607
二	后续票房	首周末票房	0.851**	116	298.4**	0.721
三	后续票房	首周末票房	0.832**	116	220.3**	0.792
		北美评分	0.270**			
四	后续票房	首周末票房	0.872**	116	212.1**	0.786
		中国评分	0.258**			

注：***表示在0.01水平上显著。

四　结论与管理启示

本文研究了中国观众在线评分和北美观众在线评分对中国电影北美票房的影响。尽管中国电影北美总票房、单片票房均明显低于在中国的票房，确实存在Heeyon Kim、Michael Jensen（2014）和Lee（2008）所言"文化折扣"现象，但实证研究发现：（1）中国电影的北美评分与中国评分较为接近或相似。即国内评分高的中国电影在北美市场也会收获较高评分，反之亦然。它说明，尽管在北美观看或欣赏中国电影的人总量会少于中国市场，但中国观众和北美观众两个群体却享有共同的价值判断，即对中国电影的评价具有内在一致性。因此，国内评分对中国电影北美国外市场营销具有重要参考价值。（2）电影的中美评分均与其上映首周末之后的票房显著正相关，而与其首周末票房无关，并且，电影的北美评分比中国口碑对其北美后续票房变化的解释力度更大，即高的北美评分是中国电影北美上映首周末之后票房增长的重要驱动力。

电影在线评分是观众基于观影体验及电影导演、演员、音乐、情节、特效等要素感知后所给予的总体判断。因此对于中国电影北美市场的分销商而言，要切实重视电影的北美在线评分。对于在北美首映后拥有良好北美口碑的中国电影，分销商应增加放映影院数和排片数，有利于获得较大的后续票房增长；对于中国电影发行方而言，应优先选择中国在线评分高的电影在北美市场发行。中国电影的中国评分与北美评分有着较高的一致性，因此，在国内评分高的电影更容易获得北美观众的认可；对于中国电影制作方而言，应注重电影的故事内容和文化逻辑。尽管近年来国内电影市场不乏票房与口水"齐飞"的电影作品，这些影片的华丽包装给电影带来的高票房或许是商业营销的成功，但故事本身的羸弱不仅会导致观影者的失望，而且不利于电影的跨文化传播。电影归根到底是内容消费，疏于艺术考量与创新的电影作品，只能制造昙花一现的美丽。中国电影不应该仅着眼于国内市场，而应放眼体量更大的海外市场。在重视内容生产的全球背景下，用民族文化逻辑构建富有说服力的故事的电影才是"共通"世界的艺术作品。中国电影作为中国文化的一个重要载体，只有具备合理文化逻辑和强大艺术张力才能帮助中国文化稳定、持久地走向世界。

本研究仅研究了电影在线评价中普通用户评分与中国电影北美票房的关系，未来可进一步研究电影在线评论与中国电影北美票房的关系，并分析专业影评和普通用户影评对票房的影响。

参考文献

[1] Jordi McKenzie. Revealed word-of-mouth demand and adaptive supply: survival of motion pictures at the Australian box office. *Journal of Cultural Economics*, 2009, 33 (4): 279-299.

[2] Brinja Meiseberg, Thomas Ehrmann. Diversity in teams and the

success of cultural products. *Journal of Cultural Economics*, 2013, 37: 61–86.

[3] Francis L. F. Lee. Cultural Discount and Cross-Culture Predictability: Examining the Box Office Performance of American Movies in Hong Kong. *Journal of Media Economics*, 2006, 19 (4), 259–278.

[4] Francis L. F. Lee. Cultural discount of cinematic achievement: the academy awards and U. S. Movies' East box office. *Journal of Cultural Economics*, 2009, 32: 239–263.

[5] Heeyon Kim, Michael Jensen. Audience Heterogeneity and the Effectiveness of Market Signals-How to Overcome Liabilities of Foreignness in Film Exports. *Academy of Management Journal*, 2014, 57 (5): 1360–1384.

[6] Francis L. F. Lee. Hollywood movies in East Asia: examining cultural discount and performance predictability at the box office. Asian Journal of Communication, Vol. 18, No. 2, June 2008, 117–136.

[7] De Vany, A., Lee, C. Quality signals in information cascades and the dynamics of the distribution of motion picture box office revenues. *Journal of Economic Dynamics & Control*, 2001, 25: 593–614.

[8] Chatterjee, P.. Online Review: Do consumers use them? *Advances in Consumer Research*, 2001, 28: 133–139.

[9] Basuroy, S., Chatterjee, S. and Ravid, S. A. How critical are critical reviews? The box office effects of movie critics, star power, and budgets. *Journal of Marketing*, 2003, 67: 103–117.

[10] Ekaterina V. Karniouchina. Impact of star and movie buzz on motion picture distribution and box office revenue. Intern. J. of Research in Marketing, 2011, 28: 62–74.

[11] 汪旭晖、王军:《网络口碑如何影响电影票房——中国电影"高票房低口碑"现象反思》,《湖南师范大学学报》(社会科学版) 2015 年第 2 期, 第 152—160 页。

[12] 张玉松、张鑫:《电影票房的影响因素分析》,《经济论坛》2009 年第 456 卷第 8 期, 第 130—132 页。

[13] Liu, Yong. Word of mouth for movies: Its dynamics and impact on box office revenue. *Journal of Marketing*, 2006, 70 (3): 74 - 89.

[14] Basuroy, S., Desai, K. K., & Talukdar, D. An empirical investigation of signaling in the motion picture industry. *Journal of Marketing Research*, 2006, 43 (2): 287 - 295.

[15] Elberse, A., & Eliashberg, J. Demand and supply dynamics for sequentially released products in international markets: The case of motion pictures. *Marketing Science*, 2003, 22 (3), 329 - 354.

[16] Suárez-Vázquez, A. J. Cult Econ, 2011, 35: 119. doi: 10.1007/s10824 - 011 - 9140 - 8.

[17] Reinstein, D. A., & Snyder, C. M.. The influence of expert reviews on consumer demand for experience goods: A case study of movie critics. *The Journal of Industrial Economics*, 2005, 53 (1): 27 - 51.

[18] Bickart, R. M. Schindler. Internet forums as influential sources of consumer information, *Journal of Interactive Marketing*, 2001, 15 (3): 31 - 40.

[19] Dellarocas, C., Zhang, X. M., Awad, N. F.. Exploring the value of online product reviews in forecasting sale: The case of motion pictures. *Journal of Interactive Marketing*, 2007, 21 (4): 23 - 45.

[20] Karniouchina, E. V. Impact of star and movie buzz on motion picture distribution and box office revenue. *International Journal of Research in Marketing*, 2010, 28 (1): 62 –74.

[21] Hennig-Thurau T., Marchand A., Hiller B. The relationship between reviewer judgments and motion picture success: re-analysis and extension. *Journal of Cultural Economics*, 2012, 36 (3): 249 –283.

[22] 郝媛媛:《在线评论对消费者感知与购买行为影响的实证研究》,硕士学位论文,哈尔滨工业大学,2010年。

[23] 王秦英:《在线评分对电影票房影响的交互效应研究》,硕士学位论文,北京邮电大学,2014年。

[24] 蒋燕鸣、王凡、郑中砥、冯斯亮:《对话华语电影海外发行》,《当代电影》2016年第1期,第17—22页。

第十二章

跨国广告公司中国市场进入期竞争策略研究

——基于产业链的分析

本研究调查显示，自20世纪90年代以来，跨国广告公司纷纷进入中国。应对产业结构演变的种种趋势，他们采取了扩张、联合、低价迂回和服务与品牌等策略，构建自身体系优势、规模成本优势和差异优势，成功避开了政府游戏规则、媒体价格屏障和竞争对手的"价格战"，形成对中国媒体的对话优势，强有力地削弱了本土广告公司的生存空间并深刻影响了中国消费文化的发展变革，值得中国媒体及本土广告公司经营管理者借鉴和反思。

一 产业链及产业竞争结构中的跨国广告公司

自20世纪90年代开始，跨国广告公司纷纷登陆中国，特别是中国"入世"以来，外资广告公司进入中国广告市场步伐加快，业绩增长显著，成为影响中国广告产业发展演变不可忽视的重要力量。跨国广告公司进入中国，正值中国广告产业由高速成长向平稳发展过渡的转折阶段，媒介由稀缺转为过剩，行业整体利润摊薄。应对产业结构演变的种种趋势，跨国广告公司采取扩张、联合、低价迂回和服务与品牌等战略，构建自身"体系优势"、规模成本优势和差异优势，成功避开了政府游戏规则、媒体价格屏障和竞争对手企业的"价格战"。跨国广告公司在中国的经营活动，促进了中国广告业的成长及产业结构升级，推动了中国广告业的技术进步和市场体制完善；他们在中国市场进入期的策略选择，提高了自身在中国市场占有份额，形成对中国媒体特别是大中型传媒的对话优势，强有力地削弱了本土广告公司的生存空间并深刻影响了中国消费文化的发展变革，值得中国媒体及本土广告公司的借鉴和反思。

产业是跨国广告公司产业地位及竞争策略选择的基本单位。产业价值链及产业竞争结构影响跨国广告公司产业地位。就整个广告业来看，中国广告市场是由广告主（企业及其他支出广告费的机构）、广告公司（中介渠道）、传媒构成的一条产业链。跨国广告公司与众多本土广告公司所形成的媒体交易网络处于这一产业链的中游，广告客户和媒体分别位居产业的上游和下游（见图12—1）。

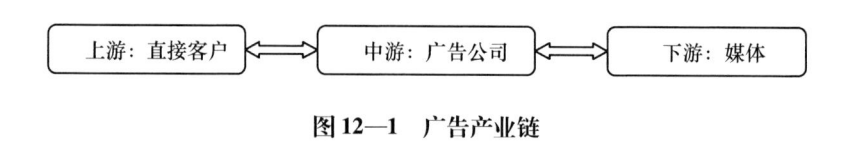

```
┌──────────────┐     ┌──────────────┐     ┌──────────────┐
│ 上游：直接客户 │◄──►│ 中游：广告公司 │◄──►│  下游：媒体   │
└──────────────┘     └──────────────┘     └──────────────┘
```

图 12—1 广告产业链

根据迈克尔·波特（迈克尔·波特，2002）的产业结构理论，以下因素构成广告产业的竞争（见图12—2）：（1）广告客户的谈判力量；（2）媒介的谈判力量；（3）新加入者的威胁；（4）替代产品或替代服务的威胁；（5）现有竞争对手；（6）跨国广告公司经营策略和还价能力。此外，根据中国电视广告产业发展的历史与现状，国家政策对广告产业整体规模和竞争结构演变也有着深刻影响。

上述因素及其相互关系代表广告产业"产业结构"的功能，是支撑产业经济与技术发展的重要力量。上述因素影响力的大小，对产业的长期获利能力有着决定性的影响。近年来，我国广告经营额以年均15%—20%的速度增长，广告费占国内生产总值的比重上升到0.92%。在这样快速的发展背景下，相对国内广告公司和广告传媒，跨国广告公司无论是从产业的先进性还是获得的利益来看都始终一枝独秀地走在市场的前列。2004年，中国广告经营额突破1200亿元，不到20家的外资广告公司包揽其中1/5以上的份额，剩下1000亿元则留给超过6万家的本土广告公司（慧聪网，2004）。

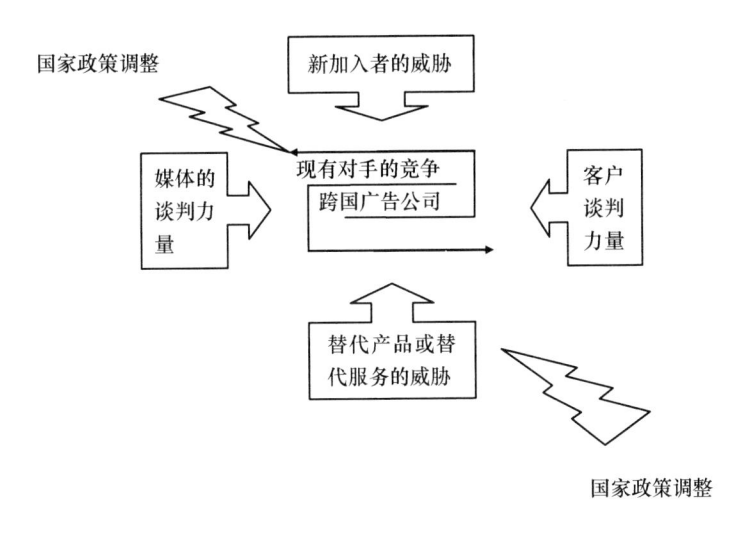

图12—2 跨国广告公司与广告产业竞争格局

二 跨国广告公司中国市场进入策略选择

就整个广告产业而言，其产业结构和竞争格局是不断变动的。近年来，广告作为一个富有吸引力的朝阳产业，吸引了大量的新加入者进入到产业链中，最终导致整个传媒市场的供过于求、竞争日益激烈和整体产业利润一再摊薄。在这一变化过程中，跨国广告公司面临的问题，主要来自政策屏障、媒介垄断、国内客户不成熟、市场不规范等方面。针对这些问题，跨国广告根据所处产业定位并借助相应的竞争策略，有力塑造竞争优势，成功地回应并影响所处的环境中政策力量、市场力量及种种环境因素的演变，在产业结构改变或出现新的竞争优势条件时，始终使自己成为产业变革的主导力量。

1. 本土化扩张策略——绕开东道国政府游戏规则

伴随外国品牌来到中国，跨国广告公司紧随而来。按国家政策规定，跨国广告公司的主要服务对象是外资企业的产品与品牌。但是，大量跨国广告公司通过与中国公司合营等形式，以国际化、规范化的作业经验和创意品质，开发本土客户，进军本土市场。从合作合营到控股、再到独营，日益增多的跨国广告集团进入中国广告市场，凭借自身所固有的"体系优势"，加快品牌与资产扩张的步伐。他们一方面以先进的运作管理经验刺激本土广告公司的发展；另一方面，逐渐开始本土化进程，整合广告资源，成为本土广告企业强大的竞争对手。

跨国广告公司进入中国的重要背景是21世纪初以来欧美广告市场低迷和中国广告产业的快速发展和崛起。与国际广告市场衰退的局面相对应，是中国广告市场的稳步攀升。2002年中国电视及印刷广告量达100亿美元，由2001年名列全球第16位跃升至第3位。未来5年中国广告市场每年将以两位数增长，成为全球广告市场亚军（冠军为美国）。加上2008年北京奥运会因素，中国广告业将空前繁荣，因此，中国成为跨国广告公司竞逐的焦点（袁铭良、马晶，2005）。跨国广告公司进入中国，主要运用三种策略开拓新市场：在当地成立新公司、并购当地广告公司以及与当地广告公司签订技术协定或组成战略联盟（中国好广告网，2004）。相关研究表明，并购当地广告公司是跨国广告公司绕过政策壁垒的主要举措，其优点还包括利用当地人力资源和减少文化磨擦等。而与当地广告公司签订技术协定或战略联盟，也是新市场法令存在限制时经常采用的策略。

1979年，第一家外国广告代理商日本电通公司开始为日本家电产品在中国市场做广告。1994年底，进军大陆的外商（合资、合作）广告公司已达300家，1998年全球前10名广告公司全部在中国设立了合资公司。1996年开始，除服务于跨国企业客户外，跨国广告公司纷纷争取国内企业大品牌客户。此后，电通在中国成立了三家合资公司。由于其本土化策略的成功实施，国内客户比例剧增。2000年以来，电通中国业务年均增长20%—30%；2004年在北京电通的广告经营总额中，中国客户比例已超过70%，而刚进中国时只有20%。1992年，智威·汤逊公司通过与北京"中乔广告"合资（外方控股80%）进入中国市场，并以收购的方式不断加强其在广州市场的业务能力。2004年，智威·汤逊本土客户占七成，内地企业客户占北京智威·汤逊经营额约三成，其中包括伊利奶粉、酸奶饮品、豪门啤酒等。

年收入58亿美元的WPP集团，其旗下拥有60多家传播服务公司，业务囊括市场研究、公共关系、互动行销、视觉管理和咨询等领域。21世纪初，迫于市场压力，该集团积极开展对外并购。继2000—2003年接连吞并扬雅（Young & Rubicam，世界排名第14位，2002年收入4.42亿美元）、Tempus广告集团和Cordiant之后，2002年6月，其旗下的奥美公关并购中国公关公司北京西岸，同年11月收购上海广告有限公司25%的股权，以加强WPP与国际大客户的联系，实现集团在亚洲与拉美的业务拓展战略目标（慧聪网，2004）。

前几年，一些外资广告企业以"擦边球"方式进入中国广告市场。按我国有关规定，境外媒体不能在内地"落地"，但一些外资企业通过播放节目、时间以及版面内容的交换，与内地媒体进行了事实上的版权交换，逐步向被政府严格控制的内地媒体进行渗透，达到其广告经营的目的。以星美集团为例，2003年，星美集团成立北京星美广告公司，全面进军中国广告市场。在此之前，星美购买了阳光卫视70%的股权，一改过去广告与传播、媒体各自独立操作的体系，使商业行为与传媒载体结合（慧聪网，2004）。

2. 联合策略——挑战媒体垄断地位

在整个广告产业结构演变过程中，跨国广告公司能适时察觉、回应产业市场的种种变化，采用联合策略，取代或击败了本土广告公司，并形成了专业媒介购买公司对媒体的对话优势和还价能力。

近年来，身处中游的广告公司尤其是跨国广告公司在市场博弈中掌握了最大的主动权。广告公司的成长，主要是具有外资背景专业媒介购买公司的出现和做大，大大削弱了身处下游的传媒的谈判地位和生存空间。此外，还有一些本土广告公司在完成了资本的原始积累之后，转变原来的综合广告公司的身份或定位，成为媒介购买公司。以电视广告为例，目前，直接或间接来自外资专业媒介购买公司的广告量已经占据了各大电视台一类广告总量的一半以上。

专业媒介购买公司的出现，是广告产业竞争结构演变的结果。前几年，媒介供不应求，主动权掌握在媒体手中。这一时期，媒体粗放经营，广告价格直线上涨。据统计，1994—1997年，我国省市以上的电视台广告价格上涨300%，报纸价格上涨150%，而同期物价指数上升仅为70%。1996年，由盛世长城国际广告公司、达·彼思广告公司两家外资广告集团中国机构联合组建的"实立媒体（中国）"成立。次年，由三家著名的外资广告巨头的媒介部联合组建的"传立媒体"成立。这三家公司是奥美（中国）公司、智威·汤逊、灵智·大洋。此后，各大外资广告集团合纵连横，以"某某媒体"命名的大型媒介购买机构纷纷成立。这些媒介购买公司携同外资广告集团手中掌握的外资品牌群体构成了强有力的谈判砝码，形成了媒介购买公司对大中型传媒的对话优势，深刻改变了当时的市场结构，一举遏制了媒介价格高速上涨的势头。加之短时间内传媒数量的激增，传媒的交易地位江河日下。从那个时候到现在，广告交易权力的杖柄越来越紧地握在外资媒介购买公司的手中。外资与合资广告公司凭借媒介购买公司这一步棋掌控了中国大陆广告的市场命脉，也借此掌握了绝大多数传媒特别是大中型电视传媒的经济命脉。下面的一组数字，可以说明这一形势。

以电视广告为例，中国各大电视台广告收入来源及构成集中反映了广告市场的格局：占据中国各大电视媒体最大份额的广告收入，分别来自本土广告公司、直接客户和跨国广告公司。2000年，在全国电视广告营业额中，外资与合资广告公司占3成，本土广告公司占7成。2001年，外资、本土基本形成4∶6或5∶5的格局，全国前10强广告公司中绝大多数是外资或合资公司。2002—2005年，这一态势愈演愈烈，来自专业媒介购买公司的广告量大幅攀升，来自国内客户和国际广告公司或外资媒介购买公司的业务占各大电视台的收入之比为5∶5或4∶6。

跨国广告公司集中购买，"以量制价"，规模化运作，并垄断国内媒介广告时段和版面：实力媒体经过8年的发展，中国境内业务从6亿元上升到了2002年的50多亿元，年增长率高达35%左右，占整个大陆媒介广告承揽量的16%（彭朋，2004）。2003年和2004年传立媒体的广告投放总量分别达到77亿和133亿（张克然、姚虹，2005）。外资媒介购买公司在各大电视台年广告投放数以千万计，且每年都有较大幅度的增涨。与之对应，是本土广告公司在各大电视台的购买量节节萎缩，传媒的市场主动权节节败退。

3. 低价迂回策略——避开媒体的价格屏障

与全球广告投放一致，电视媒体投放占据着绝对优势。各家调查公司的数据都显示，电视广告多年来一直占据着70%以上的市场份额，投放额每年都保持惊人的增长速度（吕静莲，2005）。AC尼尔森媒介研究数据显示，中国内地2004年广告花费（电视和平面）攀升至2614亿元，较2003年增长了32%，其中电视广告占76%。电视媒体是广告商最关心的网络，也是跨国广告公司竞争的主要战场。

除了相互之间的联合，跨国广告公司的另一个常规竞争策略是通过节目低价迂回策略，提高针对电视媒体的还价能力。国内电视媒体在传统粗放的经营模式下，在广告时间上拥有重要的资源优势。正是基于这一点，跨国广告公司向国内各电视台以随片广告形式即电视台不必付出现金免费获得一部电视剧的播放权，电视台提供给节目销售公司的代价是2—3分钟的广告时间。随片广告这种低价倾销方式，一度使电视台的正常广告经营难以为继。各大4A公司和媒介购买公司基本都在总部设有随片广告小组，他们通过一手联接独立制作的电视节目，一手大规模组织随片广告进入各电视台，成功地避开了电视台的价格屏障。凭借规模制作和规模经营带来的成本优势，节目公司和跨国广告公司在专业杂志《国际广告》《中国广告》上联手公开的广告价格往往是"南京、杭州、无锡……各大城市电视台全部2折"。当国内电视媒体自以为是区域市场上屈指可数的"强势主流媒体"时，跨国广告公司正在编织一张更大的、成本更低的跨媒体大网。电视媒体以自身资源为导向的经营思维、经营机制和高成本、高价格构造的庞大身躯，已成世纪末的大餐，沦为众人分食之羹。

除了随片广告，国际广告公司还利用国内广告传媒经营中"预付款"方式低价获取媒体资源。预付款产生的根本原因是电视台广告部在日常经营中业务不足,到期为了完成一定的"回款"指标,不得不把未来广告时间低价变现。前几年,国内某些省会城市台广告公司的预付款最高时占到年完成任务指标的1/3。这是一种"涸泽而渔"的销售方式。一旦这些低价资源落入大型媒介购买公司手中,就加强了它们对媒介经营的控制能力,任其泛滥的结果,就是媒介最终在经济上不得不听命于他人。

4. 服务与品牌策略——避开竞争对手的"价格战"

中国广告是一个竞争剧烈的市场。在回应和影响产业结构变化过程中,跨国广告公司凭借服务与品牌策略,与客户建立互动关系并拉开战线,构建差异化竞争优势,成功避开了竞争对手的价格战。

20世纪90年代以来,包括麦肯、精信、盛世、智威·汤逊、李奥·贝纳、电通等在内的世界十大广告公司进入中国,为中国广告带来了全新的观念、理论与方法,促使中国广告跨越产品宣传与企业形象塑造时代,迈进品牌与服务时代。

品牌与服务是跨国广告公司中国市场竞争的重要策略。跨国广告公司快速而持续地在市场拓展、全球服务网络等方面投资时,服务和品牌策略不但有助于创新,同时也与高效率互为表里,有益于使企业在众多广告公司中脱颖而出,形成防范其他对手进入的保护网,使企业永续生存。

1991年,奥美广告公司携IBM、MOTOROLA、福特、壳牌、芭比、旁氏、麦斯威尔、联合利华和柯达等国际性经典客户来到中国。十多年来,作为品牌教父的奥美,对其包括"品牌形象""品牌管家"与"360度品牌管理"在内的品牌理论,更是不遗余力地言传身教,不仅成为本土广告学习效仿的榜样,也成为意欲打造品牌的中国企业所向往的全能管家。显然,相对于本土广告公司的人脉效应，在纵深客户服务上，跨国广告公司的优势更为突出。特别是，当产品同质化与消费差异化日益对立，使广告客户深感营销策划的综合能力不足，开始要求广告服务进入企业内部，甚至从产品研发之初就提供市场定位。国际广告公司看准这个机会，重视"服务""品牌营销"，谋取差异化经营效益。

例如，达美高公司作为有着上百年历史并一直是可口可乐合作伙伴的跨国企业，一直是以帮助客户建立领导品牌为使命。他们先后在广州、上海、北京三地建立客户服务中心，专门服务于宝洁公司、可口可乐和玛氏巧克力公司。三大客户中国市场的成功运作，使达美高集聚了足够的资源、人力和物力，吸引了其他中国客户。较为成功的本土品牌案例有光明牛奶和怡宝。达美高帮光明牛奶进行了重新定位，使光明从简单的只讲产品上升到集中做品牌、提升公司形象，光明品牌的形象就代表了一个更美好、健康的未来中国。

跨国广告公司的品牌策略，非常巧妙地避开了与众多公司进行低价竞争，在提升客户品牌形象、市场份额的同时提升自己的经济效益与竞争优势。纵观国内广告市场，由于广告市场差别化程度不高，服务同质、供过于求等原因，价格竞争是广告公司特别是中小型本土广告公司生存竞争的主要方式。由于广告公司之间的替代弹性大，服务差异小，更多广告公司试图凭借低于竞争对手的价格吸引并留住客户，由此引起广告公司的连锁降价，直至价格降到产品平均生产成本以下，甚至出现亏损。价格战降低了广告公司对于媒介和广告主的整体议价能力，导致原本微薄的利润一再摊薄。

跨国广告公司的服务与品牌策略是基于市场细分基础上的。针对价格竞争和本土客户不成熟，跨国广告公司将中国本土公司分为两类：一种是按照传统的方式竞争，如只以价格战为手段追求如何把产品卖出去；另一种是接受了品牌意识，开始考虑塑造品牌形象的企业，这类企业在某些方面已经具备与跨国公司竞争的水准。绝大多数跨国广告公司主要选择与第二类公司进行合作。

跨国广告公司的成功，得益于帮助客户把品牌由零变成领导品牌，而不是在价格上与同行竞争。跨国广告公司为客户建立品牌形象，不是强调产品本身的功效，而是重在建立品牌与中国消费者之间的联系，从而为客户也为自己创造了区别于其他企业的高层次的竞争优势。如电通公司引进"全方位信息交流服务"，促进中国企业与市场更加密切地交流，具体涉及到媒介、组织策划和咨询等业务领域。实力媒体以服务"全力提升客户的投资回报"，即通过服务为客户创造高额的投资回报率。其不仅包含与媒体谈判、日常沟通等基本服务，客户销售结果的提升、知名度和美誉度的提高也都作为服务内容及评估的重要方面。

此外，国际广告公司对中国广告业的另一重大贡献，是以市场研究的数量化模型去购买媒体，而非凭感觉或经验进行组合搭配。当媒体价格急剧上升，传播成本日益昂贵时，跨国广告公司率先在中国为企业提供了相关媒介专业服务，优化媒体组合。而值得特别关注的是，当专业媒介购买公司的强势媒介议价能力日益受到部分本土广告公司及广告客户挑战（一些小广告公司和一部分广告投放量较大的广告客户，可在媒体拿到更低广告折扣）时，以实力媒体为代表的专业媒介购买公司开始尝试着将业务领域拓展到专业"媒介销售"。如2002年成立的"克顿顾问公司"，就从原先定位于购买媒介、压低媒体价格、服务广告客户为重心，转换成了以服务媒介为中心，提升媒体价格成为其重要职责。

无疑，在服务上的差异、服务营销时累积的品牌信誉、客户关系的持续及丰富的专业知识等，为跨国广告公司奠定了长久而扎实的竞争优势。不断投资上述各项，并使有关特征表现更为突出，进而培养出企业自行发展的动力。而竞争者必须投下相同甚至更多的资源才能复制同样的优势，找到市场切入的机会（迈克尔·波特，2002）。

三 竞争策略实施成效及启示

跨国广告公司的进入对中国经济具有双重意义：一方面，跨国广告公司中国的经营活动推动了广告产业成长与结构升级、技术进步、市场体制的完善；另一方面，外国大广告公司中国市场的策略选择在增强其全球竞争的"体系优势"的同时，改变了中国广告产业市场的力量对比，威胁本土企业及媒体的竞争地位，导致本土广告企业、媒体收益下降或破产，损害了中国广告产业、企业和劳工的利益，并对中国消费文化的变革等都产生了深刻影响。

1. 进一步增强跨国广告公司全球竞争的"体系优势"

与中国广告公司和传媒相比，跨国广告公司最重要的竞争优势是其固有的体系优势，即企业借助品牌、商誉在全球网络体系中协调商业关系（母子公司、合作伙伴）、整合资源能力、开拓市场、获取效益的能力（李敏，2005）。如奥美是世界最大广告传媒WPP集团旗下机构，而WPP拥有伸展全球的众多支机构、合作伙伴和大批知名客户，因此奥美一进入中国，就处在一个高起点上。奥美全球年营业额近百亿美元，其中国营业额最初只占其全球经营总量的3%—5%。包括奥美在内的跨国广告公司中国市场成功的策略选择，不仅奠定其中国市场的优势地位，而且进一步完善了其全球竞争的"体系优势"，成为跨国广告企业进一步对外扩张、实施全球竞争战略的促进因素。

跨国广告公司的"体系优势"既植根于企业自身的基本活动及支持活动，包括创意、营销、服务及人力资源、技术、财务及管理等构成的企业自身的价值链，也植根于其联系全球的"价值体系"，包含与海外分支机构的联系，企业价值链上游的广告客户、下游的广告媒体、完成价值链活动的其他合作伙伴及最后的客户或消费者。在全球产业竞争中，跨国广告公司常规的战略是通过价值体系的扩张或拓展构建竞争优势，即在本国市场低靡、竞争者还在国内市场厮杀时，富有远见伸入国际市场塑造更为完整的竞争优势。

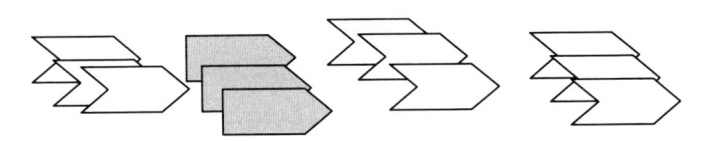

广告客户的价值链　跨国广告公司的价值链　媒体的价值链　消费者的价值链

图 12—3　跨国广告公司价值体系

由于全球战略视野和组织能力，跨国广告公司比单纯的当地企业更具有竞争力。它贴近全球市场，协调整合各国市场拥有的相对区位优势、资源优势，能够更有效地组织利用世界各地最有优势的资源、有效的市场和投资区位，按照公司的战略规划进行统一的调度和配置。因此，跨国广告企业是最强有力的国际广告经营组织，它们往往更为关注来自其他跨国企业的竞争。如奥美兼并西岸、收购上海广告公司，其目的除了实现企业亚洲战略目标，更重要的是给其竞争对手"爱德曼"有力的"反击"。而并购所形成的综合实力，将提早把 WPP 与其他欲进军中国市场的国际级竞争对手区分开来。

跨国广告公司借助其全球价值体系，不仅有效组织或联结公司内部的各种活动，还能形成与企业、媒体、消费者之间有效的互动。在与竞争对手较劲时，凭借联系点的有效扩展或协调，跨国广告公司可以向外延伸触角，降低成本并提供给客户以竞争者所无法提供的服务或产品，即创造差异性价值。这种"有特色"的结果是创造竞争优势，并开创利润契机（迈克尔·波特，2002）。

与扩张策略异曲同工，服务和品牌策略则是跨国广告公司针对不同的产业环节、市场纵深程度和产业关联等条件，依据特定环节的各种需求，选择一个和竞争者不同的视角加以区隔，为市场提供精致而低成本的服务，它所形成的与广告客户、媒体之间高度的沟通配合是培育竞争优势、与竞争者拉大差距的潜在资源。而这种拉大战线的作法也使企业吸收到更多进入相关产业服务的知识和经验。

2. 跨国广告公司占据产业价值链的高端，本土广告公司、媒体的市场地位下降

媒体垄断及广告价格战曾是跨国广告公司面临的主要困境。但跨国广告公司成功的策略选择，使得以媒介垄断、市场保护为前提的广告量的持续增长，并不代表中国广告市场的实践竞争和演变状况。在华的跨国广告公司，凭借专业媒介购买公司这步棋和低价迂回（随片广告、预付款等）策略，一举掌控了媒体特别是大中型传媒的经济命脉（李敏，2005）。在此前提下，国内媒体尤其是电视媒体有可能或者正在沦为媒介购买公司倾销的下水道或局部利益的代言人。此外，针对中国媒介和广告市场的保护主义政策措施，跨国广告公司依靠联盟、并购、技术合约等扩张策略，谋求建立了行业联合或合作，快速推进本土化的进程，它们的代理服务已经从单纯代理国际品牌转到兼而代理国内品牌；其人才结构已经转向主要依靠本地；跨国广告公司还尝试利用中国广告专业人才的零散化、高技能的特点，将中国小型化的专业公司变成相对依附于它们的设计制作单位。

在策略上，跨国广告公司通过广告的地方化、本土化运作，在国际产品品牌和中国人之间建立起情感的纽带，赢得了中国本土企业和中国消费者的忠诚和信任。以时尚、异国（民族）文化等为主题的外国品牌的成功推广，进而造成全球经济发展和分配的日益不

均，即产业链中利润朝着有利于包括跨国广告公司在内的跨国企业的方向转变。

2003年中国广告企业营业额前十位排名中，外资广告公司占有8席，他们的平均增长率达到42%，营业额总额达到排名前100名营业额总量的48.5%（慧聪网，2004）。此外，外资广告公司的年均经营额为4000万元，是本土广告公司年均经营额67万元的59.7倍。像奥美等著名企业，年营业额近百亿美元，除了拥有外资品牌群体所形成的规模、成本优势，他们还在专业服务、广告人才、运作经验等方面占据显著优势，本土广告公司显然不具备与之竞争的实力。

因此，尽管近年来中国广告经营总额年均增长15%—20%，但本土广告公司普遍遭遇营业利润摊薄的生存瓶颈。相关调研表明，2003年，超过半数（51.1%）的被访广告公司税后纯利润不足百万元，分布在101万—500万元之间的被访公司占总样本量的30%，利润超过500万元的比例仅为15.6%。而媒介策划购买/销售公司（特别是具有外资背景）的税后纯利润均值达到664.6万元（慧聪网，2004）。与中国产业规模快速发展、跨国广告公司迅速扩张相伴随的，是媒体市场地位的下降、本土广告公司生存空间的日益狭小，并在国内及全球广告市场中处于低端。特别是本土广告公司因服务的内容、方式、水准同质化现象愈演愈烈，相互压价抢单，造成企业营业额、利润空间狭小，无力升级运作，陷入发展的恶性循环。

3. 深刻影响中国消费文化的形成与变革

国际广告代理的全球化、集中化、本土化，不单形成某种新的资本扩张，推动服务和商品在世界范围流通，消费文化也深受影响。借着行销、广告等技术，连带着讯息符号流通的同质化，也引导当地民众形成新的消费价值观念，并造成全球渐趋同质化的消费文化。

伴随跨国公司的进入，中国市场正经历从短缺经济向过剩经济的转变，消费社会来临，大规模消费和高水平生活被视为经济体制的合法目的，大量广告在媒体特别是电视中播出，对中国国民消费价值观念及消费文化的兴起起到了推波助澜的作用。广告和传媒向潜在的顾客开发需求意识，他们所贩卖的是：形象，品牌和与之紧密相联的时尚、潮流、社会阶层、生活方式和生活品位……

媒体因广告主的权力变大，往往使不利于跨国公司的新闻报道或节目在无形中消逝，尤其在中国媒体资源过剩、竞争激励的背景下，国内众多传媒为鼓励客户特别是大型媒介购买公司的广告投放，对跨国企业及品牌给予大幅优惠。此外，媒体新闻与广告联动，也使新闻朝着有利于国外广告品牌的方向倾斜，相应地鼓励了建立有利于这些企业的消费文化。如麦当劳，它在美国是最廉价的方便食品，但在中国非常注重品牌提升。它通过广告的成功运作使其成为美国价值、文化和优越的现代生活象征而对中国消费者独具魅力。特别是在当时中国广告刚刚起步的时候，国内广告无论创意水准还是制作质量都和欧美、日本广告不在一个层次，那些朗朗上口的广告语和精良的广告画面深深的影响着中国人，让消费者对欧美、日本等国品牌和产品建立起高度的忠诚，引领人们对广告中展示的精致生活的向往和效仿，这种影响一直延续到今天。

无疑，大众消费兴起，归因于报纸、电视和广告为人们引路。广告所起的作用不只是单纯的刺激需要，它更为重要的使命在于改变人们的节俭及其他传统习俗。跨国广告公司在广告创意策划、制作、背景音乐、动感画面及广告播出的数量等方面都非常前卫地引领着国内广告业的发展方向。这些广告以其不同寻常的普遍渗透性，在街头（户外）、家庭（报纸、杂志、网络、电视）不停地教会人们适应新的社会地位及其生活方式。如同丹尼尔·贝尔所描述的（丹尼尔·贝尔，1984），最初的变革主要在举止、衣着、趣尚和饮食方面，但最终却是在更根本的方面产生影响：如家庭权威的结构，儿童和青年怎样作为社会上的独立消费者，道德观的形式，以及成就在社会上的种种含义……

国际品牌广告的大规模出现一方面奠定了这些品牌强势的地位，还在潜移默化中改变着中国人的观念和生活，在更大范围和更多层次上影响着人们的消费和行为，为其本国产品全面进入中国市场奠定了基础。万宝路、雀巢咖啡、麦氏咖啡、可口可乐、百事可乐这些曾经代表一种生活方式和情调的品牌，通过场景化、生活化的广告进入人们的日常生活，并在某种意义上成为文化霸权和文化象征。而这种霸权实际上乃是通过广告赢得公众的认同而非使用武力维持统治地位的方法（Kinchella，2002）。

参考文献

［1］《外资广告公司已占领 1/5 中国市场》，慧聪网，http：//www. htppa. com. cn/htppa-news/ReadNews. asp，2004 - 12 - 03。

［2］［美］迈克尔·波特（Michael E. order）：《国家竞争优势》，李明轩、邱如美译，华夏出版社 2002 年版，第 41—42 页。

［3］袁铭良、马晶：《4A 广告公司格局图》，http：//4aad. blogchina. com/1996028. html，2005 年 6 月 20 日。

［4］《跨国广告公司扩展的策略跨国广告公司本土化研究》，中国好广告网，http：//www. HaoAD. com.，2004 - 4 - 29 13：09：55。

［5］《外资广告掌控股权本土企业面临重新洗牌阵痛》，慧聪网，http：//info. ad. hc360. com/html/001/006/008/11371.，htm hc360 2004 - 04 - 08 09：37：36。

[6]《中广协：外资广告公司加快占领中国市场》，慧聪网，http：//info. ad. hc360. com/html/001/006/008/22078. htm 2004 - 12 -07.

[7] 彭朋：《媒体公司改变广告业使命》，《经济观察报》2004年第6期。

[8] 张克然、姚虹：《实力要包销25%广告》，《南方都市报》2005年第12期。

[9] 吕静莲：《内地广告放量外资广告主加大投放力度》，《南方都市报》2005年。

[10] 李敏：《论企业社会资本的有机构成及功能》，《中国工业经济》2005年第8期，第81—89页。

[11] 李敏：《中国电视媒体广告经营的现状、问题及对策》，《南京航空航天大学学报》（社会科学版）2005年第3期，第44—48页。

[12]《2004中国广告公司生存状况调查报告》，慧聪网，http：//info. ad. hc360. com/html/001/006/005/23645. htm. 2005 年 3 月 30 日。

[13]［美］丹尼尔·贝尔：《后工业社会的来临》，高恬、王宏周译，商务印书馆1984年版，第109—124页。

[14] Joe L. Kincheloe, *The Sign of the Burger*: *McDonald's and the Culture of Power*. Philadelphia：Temple University Press, 2002, p. 129.

第十三章

中国电视媒体广告经营的瓶颈及营销策略选择

20世纪80年代以来，单纯依靠广告盈利的中国电视媒体，其经营在遭遇外资专业媒介购买公司，自身节目制作、购销，广告营销及国家政策调整所带来巨大压力和冲击时，整合广告和节目购销、变革盈利模式，致力于细分市场、创新形式，同时借鉴国际上其他行业的营销方式和游戏策略，塑造持续竞争优势。

自1979年1月上海电视台首播中国第一条电视广告至今，中国电视媒体广告经营经历了媒介市场由卖方市场向买方市场的转变、国外专业媒介购买公司做大及宏观政策调整所带来的冲击和压力。电视台自制节目低劣及电视节目购销中的"随片广告"及广告营销中的"预付款"方式也构成媒体广告经营的发展瓶颈。在产业结构种种竞争力量交替涨落的演绎中，从"事业单位、企业化经营"一步步走来的中国电视媒体及广告经营步入了一个前所未有的转折关头。面对挑战，中国电视媒体针对产业结构的变化特征，选择、发展自己的经营策略，塑造持续竞争优势。

一 产业结构中中国电视媒体广告经营的市场地位

根据迈克尔·波特的产业结构理论（迈克尔·波特，2002），电视广告面临以下因素的影响和竞争：(1) 境外媒体（新加入者）的威胁；(2) 其他媒体（如报纸等替代产品或服务）的威胁；(3) 与现有竞争（电视媒体之间）对手竞争；(在此将境外媒体、其他媒体和电视媒体之间的竞争合为竞争媒体的威胁)(4) 广告客户谈判力量；(5) 专业媒介购买公司谈判力量。根据中国电视广告产业发展的历史与现状，电视传媒自身节目、广告营销能力，宏观政策也是影响中国电视媒体广告经营不可忽视的重要力量。

上述五种因素及其相互关系代表广告产业"产业结构"的功能，是支撑广告产业经济与技术发展的重要力量。根据广告产业结构，可以清楚地揭示电视广告产业的主要竞争态势和长期以来影响中国电视媒体广告经营的主要因素。这些因素影响力的大小，对中国电视媒体的发展及长期盈利能力有决定性的影响。

二 中国电视媒体经营及广告营销面临的主要外部压力与国际竞争

产业市场上，中国电视媒体面临的主要外部压力为媒体供过于求、外资专业媒介购买公司的出现和做大及宏观（国家）政策调整。

（一）媒介高速发展导致整个传媒市场供过于求

20世纪80年代以来，在一种低起点、高增长率的发展刺激之下，各种介质的传媒的数量急剧膨胀，竞争日益激烈，最终在近些年促使国内传媒市场的供求关系发生了根本性的改变，传媒业由卖方市场变为买方市场。从"事业单位、企业化经营"一步步走来，地位优越的大多数国内传媒，突然之间已经或者正在经历着媒介产品——包括收视率、发行量、广告时段、广告版面等——无法在市场上售出的困境。

媒体供过于求，使得传媒之间的竞争愈演愈烈。对电视媒体来说，目前，国内传媒市场已经发展为央视、省级卫视、省级非卫视频道、城市台和境外电视媒体五足鼎立、多元发展的格局（谢耘耕、党芳莉，2005）。以省会城市台为例，来自省电视台、中央电视台的强势竞争，使媒体之间的价格战不断升级。与此同时，过剩的国内媒体们还陷入了更大的市场威胁陷阱——在空中盘旋中的境外媒体一步不蹋地跟随着 WTO 的开放进程进入中国内地，觊觎和蚕食着国内媒体的主营市场。特别是 MTV 中文频道在华落地、凤凰的崛起等，使包括中央电视台在内的各电视台都受到巨大的挑战。除了电视自身的竞争，近年来，其他媒体的竞争，特别是报纸广告的强力提升进一步动摇了电视媒体在广告经营市场的强势地位。电视媒体的霸主地位日益受到平面——报纸广告强有力的挑战。报纸广告经营额一直紧随电视之后，有些年份还超过电视媒体。

（二）外资媒介购买公司一度掌控了电视媒体广告交易的杖柄

近年来，在整个广告产业结构演变过程中，位于产业链中游的广告公司特别是具有外资背景的跨国广告公司，无论从获取的利益到产业发展的先进性等方面，都一枝独秀地走在行业发展的前列。他们在进入中国市场后，能适时察觉、回应产业的种种变化，抢占有利位置，取代或击败了本土广告公司，并对媒体形成了绝对的控制力。跨国广告公司在市场博弈中掌握了最大的主动权，并且对电视媒体及广告经营产生了巨大的制约力。广告公司的成长，特别是外资专业媒介购买公司的出现和做大，大大削弱了身处下游的传媒的谈判地位和生存空间，对媒体构成巨大压力。从目前各省会城市及整个国内市场上看，那些正在呼风唤雨的大型媒介购买公司基本上有外资背景。目前，直接或间接来自专业媒介购买公司的广告量已经占据了各大电视台一类广告总量的一半以上。

专业媒介购买公司的出现，是广告市场主动权竞争的结果。前几年，媒介供不应求，主动权掌握在媒体手中。这一时期，媒体粗放经营，广告价格直线上涨。据统计，1994—1997年，我国省市以上的电视台广告价格上涨300%，报纸价格上涨150%，而同期物价指数上升仅为70%。1996年，由盛世长城国际广告公司、达·彼思广告公司两家外资广告集团中国机构联合组建的"实立媒体（中国）"成立。次年，由三家著名的外资广告巨头的媒介部联合组建的"传立媒体"成立。这三家公司是奥美（中国）公司、智威·汤逊、灵智·大洋。此后，各大外资广告集团合纵连横，以"某某媒体"命名的大型媒介购买机构纷纷成立。这些媒介购买公司携同外资广告集团手中掌握的外资品牌群体构成了非常有力的谈判砝码，形成了媒介购买公司对大中型传媒的对话优势，深刻改变了当时的市场结构。他们"集中购买，以理购买"，一举遏制了媒介价格高速上涨的势头。加之短时间内传媒数量的激增，传媒的交易地位江河日下。从那个时候到现在，广告交易权力的杖柄越来越紧地握在外资媒介购买公司的手中。外资与合资广告公司凭借媒介购买公司这一步棋掌控了中国大陆广告的市场命脉，也借此掌握了绝大多数传媒特别是大中型电视传媒的经济命脉。

中国各大电视台广告收入来源及构成集中反映了当前广告市场的格局：占据中国各大电视媒体最大份额的广告收入，分别来自国内客户（本土广告公司和直接客户）和跨国广告公司。2000年，在全国电视广告营业额中，外资与合资广告公司占三成，本土客户占七成。2001年，外资、本土基本形成4∶6或5∶5的格局。多年来，全国前10强广告公司中绝大多数是外资或合资公司。2002—2005年，这一态势愈演愈烈，来自专业媒介购买公司的广告量大幅攀升：

实力媒本经过 8 年的发展，中国境内业务从 6 亿上升到了 2002 年的 50 多亿元，年增长率高达 35% 左右，占整个大陆媒介广告承揽量的 16%（彭朋，2004）。2003 年和 2004 年传立媒体的广告投放总量分别达到 77 亿元和 133 亿元（张克然、姚虹，2005）。此外，近年来，外资媒介购买公司走本土化的道路，国内客户比例剧增。以电通为例，2000 年以来，电通中国业务年均增长 20—30%；目前在北京电通的广告经营总额中，中国客户比例已超过 70%，而刚进中国时日本客户占 80%（吕静莲，2005）。上述公司，在各大电视台年广告投放数以千万计，且每年都有较大幅度的增涨。与之对应的，是本土广告公司在各大电视台的购买量节节萎缩，传媒的市场主动权节节败退。

外资专业媒介购买公司，已经或正在一点点剥夺电视媒体的市场主动权。他们在交易中从精神上到事实上都凌驾于电视媒体广告部门之上，传媒有可能或正在沦为大型媒介购买公司的倾销下水道和局部利益代言人。

（三）宏观政策调整对媒体广告经营的冲击

宏观政策对电视媒体广告经营的冲击，一是《广播电视广告播放管理暂行办法》的颁布实施，一是加入 WTO 中国政府相关承诺的兑现。

国家广电总局《广播电视广告播放管理暂行办法》的颁布实施，对电视广告播出总量、类别、时间、时段、插播方式等做出了详细限定。使已经习惯于电视广告时间不限、可以无限打价格战的各电视台丧失了与境外广告公司、与其他媒体竞争的最后一点天然优势。但从一个更长远的观念看，国家政策有利于促使或强迫电视台改变以往粗放的经营模式。

由于多年的价格战，国内媒体广告价格低廉。在美国，购买电视网黄金时间的广告价格平均30秒要花20万—30万美元。而同样时长和时段，CCTV一套2003年报价只有10万—17万，二套最高4万—5万元，国内各省电视台、城市台最高报价是1万多元。

此外，根据中国加入WTO相关条例，主要是《服务贸易减让表》和《外商投资广告企业管理规定》承诺将全面兑现实施，中国对第三产业开放的政策性限制全部取消。特别是外资可在华设立独资广告公司，外资广告行业的品牌与资本扩张将加剧，将使中国电视媒体及本土广告企业面临更为严峻的生存环境。

三　中国电视媒体广告经营自身发展瓶颈

从1979年1月28日上海电视台播出中国第一例电视广告"参桂补酒"至今，中国的电视广告经营额增长了5000多倍。电视广告成为电视媒体主要的盈利途径。但进入2000年后，电视媒体广告经营增长速度明显放慢。2000年中国电视广告收入比上年度增长8%，但电视广告的增长业绩与前一年（为上年增幅的一半）、与报纸、电波媒体（报纸、广播增幅为上年3—4倍），与广告业的总体增长比例相比，则是最低的。2001年1—8月全国性的电视台、省级台及省会城市台的收入表明，35个全国性的大台中，有10个与上年持平，9个台是下降，二项之和占54%。全国24个省会城市台持平和下降的占46%（张海潮，2002）。2003年，电视广告营业额达到255亿元，增长10%，虽然位居年度广告经营市场首位，但其增长势头在四大传统媒体中增幅最低（孙正一等，2004）。这些数字展示的一个严峻的现实是：中国电视媒体广告经营发展的高速增长期已成为过去。

造成中国电视媒体广告经营如此大规模的衰退，除了媒体买方市场的形成、外资专业媒介购买公司的强大、宏观政策调整以外，电视媒体自身节目、广告营销中存在的问题，构成了电视媒体广告经营的发展瓶颈。

（一）电视节目制作耗费大成本生产了大量"三无"产品

在广告市场上，包括各省会台在内的各城市台，它们的竞争优势或存在价值是电视节目购买、播映和广告销售的特权。电视台所挣的钱是由此而来的丰厚的差价。电视台以相对低成本的价格购买节目，以相对高的广告价格销售广告时间或收视率。就目前来看，电视台的节目分为购买节目和自制节目。在对这两类节目的盈利水平进行专项分析时发现，在不考虑购买、制作成本的情况下，多数购买节目能够卖出广告时间，而不少省市电视台自制节目较难卖出广告时间。在不考虑资产折旧、贷款利息等问题的情况下，购买节目是盈利的，自制节目是不盈利的。

电视台自制节目消耗、占用了大部分宝贵的资金成本，却没有产生相应的收视率及广告收入。以江苏各城市电视台为例，他们用13城市台联合购片的方式使得购买节目的成本远低于市场价格，但由此带来的价格优势、广告收入及利润都被电视台自身庞大且无效率自制节目所消耗。有些节目既无市场收视率，也无社会效益和经济价值。这些"三无"产品不断涌向荧屏，既影响媒体整体形象和社会价值的提升，又影响媒体的广告经营。

（二）电视台以"随片广告"置换电视节目致使广告经营陷入困境

在传统粗放的经营模式下，电视台在广告时间上拥有重要的资源优势。以随片广告形式即不必付出现金而是提供给节目销售公司2—3分钟的广告时间，免费获得一部电视剧的播放权。这种方式的泛滥，一度使电视台的正常广告经营难以为继。各大4A公司和各大媒介购买公司基本都设有随片广告小组，他们通过一手联接独立制作的电视节目，一手大规模组织随片广告进入各电视台，成功地避开了电视台的价格屏障。凭借规模制作和规模经营带来的成本优势，节目公司和广告公司在专业杂志《国际广告》《中国广告》上联手公开的广告价格往往是"南京、杭州、无锡……各大城市电视台全部2折"。当国内电视媒体自以为是区域市场上屈指可数的"强势主流媒体"时，别人正在编织一张更大的、成本更低的跨媒体大网。电视媒体以自身资源为导向的经营思维、经营机制和高成本、高价格构造的庞大身躯，已成世纪末的大餐，沦为众人分食之羹。

（三）广告营销中"预付款"方式造成电视媒体广告经营的恶性循环

"预付款"方式即让一些签约广告公司支付媒体一定现金。它产生的根本原因是电视台广告部在日常经营中业务不足，到期为了完成一定的"回款"指标，不得不把未来广告时间低价变现。前几年，国内某些省会城市台广告公司的预付款最高时占到年完成任务指标的1/3。这是一种"涸泽而渔"的销售方式。一旦这些低价资源落入大型媒介购买公司手中，就加强了它们对媒介经营的控制能力，任其泛滥的结果，是媒介最终在经济上不得不听命于他人。

四　中国电视媒体经营及广告营销策略选择

面对竞争压力及发展瓶颈，中国电视媒体针对所处的产业环节、市场纵深程度和产业关联等特点，致力于整合资源，选择多元盈利模式，同时细分市场、创新形式，塑造了鲜明的品牌特色和更为完整、持续、差异化的竞争优势。

(一) 节目与广告整合营销策略——塑造规模成本优势

针对节目制作、购销、广告经营相互脱离的经营现状，国内电视传媒要致力于调整结构、整合资源，形成节目购销与广告经营协调发展的格局，塑造规模成本优势。

近年来，各电视台相继做出了调整变革，辽宁、湖南各电视台以节目、频道为产业经营与发展的基础平台，对以广告为龙头的产业经营格局进行了大规模的调整，成立了以广告传播、节目购销、广告信息制作为一体的北方电视传媒。江苏电视台在组建集团和深入改革的过程中，调整结构，整合资源，实现了统一节目购销、统一广告经营（章剑华，2002）。此外，浙江广电集团把经营与宣传分开，将经营部分（包括频道的广告业务、延伸产业、节目购销、经营推广活动、政策允许的相关栏目制作和运营等）剥离出来推行公司制，形成了高效的市场化业务体系（闫忠军，2005）。

(二) 创造多元盈利模式——提高综合实力和持续竞争优势

对于注重市场的电视产业来说，盈利模式是一个核心的具有战略意义的问题，尤其是对正在走产业化道路的中国电视而言，如果缺乏一个成熟而又适宜的利润生长机制，单纯维系在广告一根绳子上，就会制约电视媒体的做大、做强，导致可持续增长乏力。与我国单一广告收入相比，国外电视产业的盈利模式已发展为广告、收视费、订制点播费、节目销售等多种途径结合的多元盈利模式。美国电视业的收入结构值得借鉴和关注（胡正荣等，2003）。

1992年美国有线电视的总收入是217亿美元，基本服务收入是134亿美元，付费节目收入是50亿美元，广告只有33亿美元，只占总收入的15%。1999年美国有线电视的总收入中频道付费收入是47.5亿美元,广告的收入则为26.82亿美元,只占不到8%的份额,其余绝大部分收入是靠收视费。

目前,国内电视媒体广告以外的盈利途径有如下几点。

(1)付费点播。主要是通过数字直播卫星(DBS),以收视费和订制费作为主要经营收入。电视台自身在经营上并不从事内容制作,而是利用先进的技术集中并整合各类节目和服务资源,按照类型为用户提供多达数百个专业频道和专业化节目。美国 DIRECTV 是世界最大的一个卫星电视公司,在美国国内的51个主要市场拥有1100万固定用户,平均每九个美国电视观众就有一个 DIRECTV 的用户。它向全美老百姓提供225个频道,将电影、体育、音乐等不同类型的节目打包为不同的频道包(package)。如 NFL 赛事的 Football 频道, ATP 的 Tennis 频道,用户可根据自己的口味、兴趣和爱好来订制选择。

(2)节目制作与营销。节目是构建电视媒体竞争优势、促进广告经营的关键。以凤凰卫视为例,它能从一个境外娱乐台的身份发展到与央视国家大台抗衡的地位,其成长轨迹揭示了其节目制作、策划能力对其盈利能力、广告经营的影响:"飞越黄河"、朱总理"钦点"吴小莉、1997年香港回归、台湾大选、"9·11"事件以及阿富汗战争等。特别是"9·11"事件直播及其在华人社会中产生的强大效应使 CCTV 视凤凰为最有威胁力的竞争对手。凤凰以其鲜明的频道个性、栏目风格和独特的商业运作思路入选为"中国人认知的45个国际品牌"之一(尼尔森,2005)。

与节目制作对应是节目销售(主要是自制节目)。世界各地电视台的电视频道都可成为自己的频道——"虚拟频道",如探索频道(Discovery)。好的节目进入音像产业,制作成 VCD、DVD 销往世界各地,有益于降低制作成本,增加盈利。

近年来,国内电视台过度压缩自制节目,导致节目制作能力下降。大多数电视台自制节目，耗费了大量成本，只播出一次便寿终正寝，形成资源、资金的极大浪费。

（3）网络服务。针对媒体盈利模式单一的现状，目前国内不少电视台已经开始拓展数字电视市场、网络经营及加快影视节目的规模生产能力等，如江苏电视台已经尝试把频道、网络等优质资产与先进的资本市场相结合，变单一的广告经营为多元的产业经营，提高盈利能力和综合实力。

需要强调指出的是，电视媒体节目资源上自制节目和购买节目结合，在传播途径上，有线、无线与数字电视、卫星电视（付费点播、订制）多方式并轨，可实现节目内容丰富、多元化，在增加新的利润增长点的同时，开辟新的广告资源，增强整体优势。

（三）广告细分策略——打造差异优势

面对来自市场方面的竞争压力，特别是国家广电总局《广播电视广告播放管理暂行办法》出台后媒体广告时间资源大幅减少及"入世"后境外公司和媒体的冲击，国内电视媒体广告经营的重要策略是细分广告市场，完善广告服务，塑造差异优势。

自从 2000 年前后电视广告增长出现滑坡后，越来越多的国内电视媒体、广告商、广告主都意识到依靠单一的手段，争夺同样的市场，只能导致恶性竞争和产业的停滞不前。广东电视台和中央电视台相继尝试广告集群方式，即按照不同行业把一个广告市场细分成若干个行业市场，把相同行业广告主的竞争关系整合成竞合关系。

2004 年由安徽影视频道、山东齐鲁电视台、浙江教育科技频道、湖南经济电视台四家频道发起的"媒介金牛市场"，凭借四大频道收视制高点及区域市场的旺盛消费力，为企业占领区域市场搭建了一个区域性的强势传播平台。

此外，随着中国经济结构的调整，服务业发展渐成经济主流，广告经营模式也发生了转变，广告服务形态、信息内容以及表现手法都随之改变。在重重压力下，央视重新定位，启动了从"坐商"到"行商"的历史性转变。每年 9 月开始，20 多个大大小小的推广会在全国路演，寻找重点客户群。2004—2010 年还特意在上海、青岛等经济发达的城市举行广告招标说明会、专家听证会，并在民营企业发达的福建、浙江，派驻专门的班底蹲点，举办营销论坛之类的活动，以稳定和扩大客户投放、强化央视纵深服务特色（李敏，2013）。

（四）广告形式创新策略——构建强势品牌优势

对应《广播电视广告播放管理暂行办法》出台，电视广告播出形式和创意也不断推陈出新，以独特的广告创意形式、品牌栏目或电视剧吸引、推动广告投放，强有力地提升了电视媒体不同于其他媒体的品牌优势。

湖南卫视通过创新广告形式推动了 2003 年广告收入的翻番（黄升民、张豪，2005）。按照湖南卫视的构想，不同目标市场的广告客户可在元宵、圣诞、国庆、母亲节等各类节庆日中挑选不同的节日组合，频道为客户针对组合节日制作针对目标人群、富于意境、能够打动人心的柔性主题宣传片，淡化推销及商业色彩，提升企业形象和品牌形象。

广告及播出形式方面的一个成功案例来自广告商和广告主共同的创意：摩托罗拉心语 T2688 的电视广告系列剧，在广告产品的销售上得到了极大回报。系列剧的每一个短剧提供给观众的都是身为白领的年轻母亲，肯定会发生或者是必然差一点发生的生活故事，通过这些悲欢离合的演绎，使得目标观众不知不觉地熟悉和喜欢故事的主角——心语手机。

在不同的电视栏目及电视剧中，观众能频繁地看到各种企业的大 logo：从主持人、嘉宾的笔记本电脑，服装，矿泉水，到节目画面中的城市景观，以及蒙牛酸酸乳与"超女"的完美结合，观众频频与中外品牌亲密接触。

其实，嵌入式广告始于宝洁公司在电视剧中卖肥皂。而中国电视媒体在变革调整的同时，借鉴国际上、电影业和其他内容产业中的古老方法及游戏策略，富有成效地化解了媒体经营及广告营销中遭遇的瓶颈和危机。

参考文献

［1］［美］迈克尔·波特（Michael E. order）：《国家竞争优势》，李明轩、邱如美译，华夏出版社2002年版，第7—8页。

［2］谢耘耕、党芳莉：《中国电视广告竞争新格局》，《新闻界》2005年第1期。

［3］彭朋：《媒体公司改变广告业使命》，《经济观察报》2004年2月11日。

［4］张克然、姚虹：《实力要包销25%广告》，《南方都市报》2005年3月2日，第12版。

［5］吕静莲：《李西沙解密电通中国发展历程》，《南方都市报》2005年6月17日。

［6］张海潮：《电视广告市场的现实与应对》，张海潮主编：《广告竞争》，北京广播学院出版社2002年版。

［7］孙正一、柳婷婷：《2004中国新闻业回望：上半年传媒数据》，《新闻记者》2004年12月9日。

［8］辽宁电视台：《真诚携手一路同行》，http：//www.lntv.com.cn/lntv/information/xinxi/2002_1_15_26.shtml，2005-

06-12。

[9] 章剑华:《抢占先机,把握主动——江苏广电实施集团化改革的初步实践》,http://www.snweb.com/gb/xw/2002/07/a0701047.htm。

[10] 闫忠军:《对当前电视传媒体制改革的解读》,http://cjr.zjol.com.cn/gb/node2/node26108/node27328/node28302/userobject15ai4024738.html。

[11] 胡正荣、张锐:《我国电视产业未来发展的产业结构调整》,http://www.asiatvro.com/info/show.asp?ID=Msg2956. 2003-04-24。

[12] A.C.尼尔森:《内地广告放量,外资广告主加大投放力度》,《南方都市报》2005年第9期。

[13] 黄升民、张豪:《2003—2004中国广告市场回顾与展望》,2005年2月,http://www.china.org.cn/chinese/zhuanti/whbg04-05/797732.htm.摘自《2005年:中国文化产业发展报告》。

[14] 李敏:《跨国广告公司中国市场进入期竞争策略研究——基于产业链的分析》,《淮阴师范学院学报》(哲学社会科学版)2013年第3期。

第十四章

发达国家政府政策促进文化产业跨行业国际营销

随着传播媒介的高速发展和信息时代的来临,文化产业和文化力日益成为衡量一个地区和国家综合实力的重要内容。除了文化产业及企业跨行业跨地区经营的路径选择,政府产业政策也是影响文化产业外向发展和全球营销的重要变量。欧美国家政府都相继通过文化政策变革、改善政府公共管理能力等多种强有力的方式,鼓励本国文化产业跨行业跨地区经营,打入国际市场。发达国家文化产业制度建设方面的策略,对中国文化产业跨行业跨地区国际经营战略实施具有重要启迪。

一 欧美国家文化政策变革促进文化产业跨行业国际营销战略实施

20世纪70—90年代,西方发达国家文化政策进入密集的变革创新期,以美国为首的发达国家作为变革的发源地影响并辐射全球。

奥古斯丁·杰拉德1972年从政治组织的视角给出了文化政策的经典定义:"'文化政策'一词的准确含义来源于'政策'这个

词。政策是最高宗旨、具体目标和执行手段组成的一套体系，由社会组织通过权威机构制定执行。""一套政策中必定包含了长期最终目的、中期可测量的目标和具体实施手段（人员、资金和立法），这三个要素构成了一个连贯一致的体系"（Augustin Girard，1972）"。大卫·赫斯蒙德夫（2007）认为文化政策指政府通过立法、管制和津贴补助干预文化市场。雷蒙德·威廉将文化政策分为文化政策展示和文化政策本身。文化政策展示的总体目的包括凭借炫耀和仪式（如文化活动、文化设施、艺术或国家遗产展示）放大国家形象，构建民族国家"想像的共同体"，以及经济还原主义，即文化投资合法化、促进经济增长的"杠杆作用"和公司利益的命题。文化政策本身包括公共经费支持艺术体系、媒介调控政策和文化身份的协商构建政策。文化政策指政府为指导某一社会共同体处理文化事务、实现和达到一定文化、经济目标，整合和运用社会资源而采取的宗旨、理念、计划、法规、措施等政策体系的总称。20世纪西方文化政策从目标、调控手段、运行模式等方面实施的变革促进了各国文化产业跨行业、国际经营。

1. 经济文化交融并重的多元政策目标体系提升国家经济和软实力

（1）从艺术及意识形态目标转向经济文化交融并重的多元目标体系。20世纪早期的文化政策服务于艺术及意识形态领域。英国政府仅仅将文化定义为"艺术（如表演和视觉艺术）"的狭窄领域；彼德·杜伦德提出狭义的文化政策指对艺术的资助，即决定哪种艺术是最好的，值得在民众中推广，此时的文化政策是政府、文化盈利机构、文化团体、艺术家等利益集团影响民众思想的手段并反映各个利益集团的价值取向（Peter Duelund，2003）。工业社会中工业、科学技术、贸易、就业是国家公共政策的中心。文化艺术只是政策资金资助的对象，因而处于次要边缘的位置。20世纪70—80年代，艺术文化成为经济发展的动力源，并对民族国家软实力提升的影响日益显著，文化政策转向经济文化交融并重的多元目标体系，并从国家宏观管理和公共政策的边缘引入中心。

（2）文化定位政策服务于国家形象和软实力提升战略。由于文化和文化产业对意识形态、价值理念的形塑功能及其对民族国家对外文化战略的影响，欧美各国普遍重视以本国文化输出传播本国价值观念和生活方式，提升国家形象和文化影响力。在政策工具、手段选择上，通过体现国家战略选择的领导言论和官方文献如发展规划、产业规划、国家政治、外交政策等定位性政策将文化和文化产业纳入国家战略，为发展文化产业提升软实力提供了宏观动力。

文化是美国实现"经济帝国"与"文化帝国"梦想的重要战略工具。美国国家领导人特别善用他们作为国家发言人的权力通过说服让公众接受政府的文化政策和文化战略，并使用各种象征行为和符号影响公众。美国商务部高级官员大卫·罗斯科普夫曾宣称：未来的世界文化一定要以美国文化居于支配地位，"……如果世界正在由电视、广播和音乐联系在一起，节目应该是美国的；如果共同价值观正在形成，它们应该是符合美国人意愿的价值观"（大卫·罗斯科普夫，1999）。

英国在20世纪80年代初运用政府规划将创意产业纳入国家战略。1993年英国"国家文化艺术发展战略"以"创造性的未来"为题发表，明确提出文化创意产业发展的国家整体战略规划。

（3）文化经济和文化产业政策致力于经济复兴。美国自20世纪70年代、欧洲各国在稍后的80年代普遍面临城市经济和内城衰败的结构性衰退。美国率先采取以文化政策推动城市经济复兴的策略，其成功经验影响到英国和其他欧洲国家。各国及传统工业城市纷纷提出经济复兴和旧城中心区更新计划。如1977年英国政府发布《内城政策》白皮书，提出以文化为主导的城市更新策略（黄鹤，2006）。此后多次发布研究报告和创意产业规划，并通过筛选项目及投资决策推荐推动创意产业发展和城市经济转型。各国政府转变职能为文化产业创造条件，多种资源运用到文化建设中，文化基金、文化项目、文化活动、文化设施开始脱离了以往独善其身的布局模式，与一个地区、城市的企业、商业、办公、生态、产业园区等建设布局结合起来，用于带动城市经济及生态重建。纽约的文化设施兴建、英国谢菲尔德、伯明翰的Brindley Place等地的文化产业区实践、德国的鲁尔区文化活动和欧洲文化之都的创建，都是文化经济和文化产业政策指导经济复兴的成功案例。

2. 放松规制和经济法律调控培育跨行业运作的经营主体、文化要素及行业吸引力

（1）从政治调控主导转向货币、税收、贸易政策等经济法律调控提升行业吸引力。传统文化政策主要集中在社会和政治领域，而不是经济领域。自20世纪七八十年代起，为实现文化政策的多重目标，欧美各国将文化艺术视作经济规划的直接利用品，"将经济学的方法运用于政策分析：投资、杠杆、就业、直接与间接收入效应、社会与空间定位等"（Booth et al.，1993），并调整了政策举措，从明显的政治调控转向经济、法律调控，以资金供给保障、限制本土竞争，确保较高盈利回报吸引企业、组织投资文化和文化产业。

美国是政府文化投资最大的国家。联邦政府对各种较重要的公共文化组织（如国家艺术基金会、国家人文基金会和公共广播电视公司等）每年预算高达20亿美元。美国1965年通过《国家艺术及人文事业基金法》和《联邦税收法》。同时，政府通过其他法律法规、政策杠杆及经济手段（如土地供给）鼓励各州、各企业及全社

会赞助支持文化事业；要求地方拨出相应的财政经费与联邦政府文化发展资金配套，并明确规定与文化公益事业相关的单位或群体一律享受免税待遇。通过政府和非营利性文化组织投入、设立基金会及创设各种资助文化单位的捐赠制度，保证了文化发展资金多样化和源源不断的供给。

美国的贸易壁垒政策，对外国进口商品课以重税限制了进口，别国文化产品要打入美国市场，只能采取直接投资的方法。而且，市场封闭，限制了国际竞争国内化，在一定程度上促成了美国国内较高的利润回报率，从而使美国成为国际文化资本流入最多的国家。如好莱坞最具实力的电影制片厂中，哥伦比亚三星（Columbia Tristar）的老板是日本的 sony 公司，福克斯（Fox）的老板则是澳大利亚的新闻集团（New Corporation）。美国文化产业依靠跨国公司运作并从全球获利，最终控股的公司却掌握在其他国家商人手中，但从国家利益而言美国仍是最大的收益者。

（2）从严的政府管理转向放松媒介及公司产权融合规制培育跨行业市场主体。西方最重要的文化政策变革发生在规制领域。20 世纪 30 年代，凯恩斯主义盛行，世界范围内产生了一种政府行政权力扩大的趋势，各国政府强调代表公共利益来组织、管理和干预经济，所有产业都受到反垄断法、竞争法等法规的限制与保护，加之一些国家的商业广播电台要求政府控制技术层面的干预和来自圈外的竞争，许多国家都将文化、传媒、艺术等作为一种公益性的事业，置于社会上层建筑和意识形态范畴，纳入政府重点管理。尤其在影视广播、出版等领域，对媒介内容和结构（如集中、跨媒体经营和融合），一直保持较强控制。20 世纪七八十年代欧美各国经济滞胀，政府干预、垄断经济体制的弊端逐渐显现，各国传播（核心版权）领域法律树立的前提不时受到来自媒体、批评家和政府高层本身的挑战。在此背景下，放松管制和特殊豁免的精神主导了各国文化传播领域的司法走向。欧美各国的反垄断法发生了变化，放松对企业集中化的管制，媒介管制也让位于"媒介解法"时代。在此期间，欧美国家电信、广播和电视等公司之间的规则"壁垒"被打破，支配媒介所有权的法律也被废除或放宽。如美国政府管制行政授权的代表机构美国通信委员会FCC推行里根的执政哲学——排除政府对私人商业的干扰，放宽对媒体管制和跨行业经营的限制，扶持文化企业的扩张。反托拉斯局于1982、1992年对政府曾经颁布的限制合并的准则做了彻底修改（王海、张云平，2007）。1984年政府在减少政府管制、增强竞争活力的理念下，放松了对媒体所有权和跨媒体所有权的限制，允许多个媒体在市场上的相互渗透。随后当选的布什和克林顿继续了这一进程，1996年《电信法》的颁布成为美国政府和FCC放松媒介管制的高潮，在传媒业形成了兼并和集中的浪潮，促成了少数超大规模跨媒体文化产业集团的出现。

（3）知识产权保护体系培育产业链及跨产业运作的文化要素。设计、符号、形象等文化要素是人们创造性智力劳动所取得的知识资产，是要素分工背景下企业设计延展价值链向其他行业和产业融合渗透的重要生产因素，及产业文化化、文化产业化的纽带。而知识产权则是对设计、形象、符号等知识产权所享有的民事权利，体现为专利、商标、版权（著作权）和商品化权（形象权）等。其中商品化权起源于美国。1977年美联邦最高法院首次以判例形式承认形象权，最初仅限于具有影响力的真实人物的姓名、肖像的使用，后扩展到真实人物和虚构角色的姓名、形象、声音、行为及其他特征的财产性属性和取得商业利益的独占性权利。各国的正式法规和文献中，无论是英国创意产业的官方界定，还是美国对版权产业内涵外延的划分，都体现了艺术、设计、符号、形象作为重要生产力的价值创造功能，及其向其他产业、产品渗透融合的价值增值属性。欧美国家给予设计、符号、商标、版权、形象与技术、专利同等重要的地位，纳入知识产权保护体系。当拥有设计、形象、文化符号与拥有资金、土地、技术（专利）具有相同的价值，与文化创意相关的知识资产就成为国家财富和企业实力的重要象征。

3. 合作互动的网络模式构建文化与经济、科技融合的运行体制

（1）从机械的科层管理转向合作互动的网络模式。工业社会中的科层管理的不足是由于文化艺术与经济、科学分离导致管理机构、管理政策、被管理实体之间的相互分割、互不关联，以及"文化领域内机构和政策彼此独立"（彼得·科斯洛夫斯基，1999）。在各国传统的文化政策中，艺术、传媒和遗产等被视为各自孤立的领域，管理文化政策的部门与其他政府部门之间相互独立、各自为政。

文化政策目标和调控手段转向也使文化部门和其他政策领域跨部门合作的性质及组织结构发生了转变。适应文化创意与经济、科技渗透融合的趋势，各国相继采用全局性、整体性的文化治理模式及实际的操作方式，使各种政治、经济、社会组织跨越各自为政的行政设置，实现"横向"跨部门合作，在一个互动体系中共同致力于促进文化政策的制定和全面落实。

西方文化政策从孤立、机械的科层管理走向有机、合作互动的网络模式，其标志是为文化发展确定方向的公共部门、社会团体、非盈利组织、企业及个人等组成复杂的文化治理网络，参与互动并影响文化政策及工具、手段（如立法、税收政策、资金募集、资本投入等）的选择、实施。其内容涵盖文化、经济、科技、社会等各个政策领域，涉及跨国、民族国家、地区、地方等不同地理和行政运作层面。以治理网络为基础的文化互动模式无疑是文化管理体制的根本性变革，"合作"取代"管理"成为文化管理部门的基本执政思路。

具体到国家，英国则是促进政府、私营机构和非盈利团体及个

人合作互动，发展文化及文化产业的典型（刘悦笛，2006）。文化、传媒和体育部作为政府机构，起着协调政府、其他部门（准官方）和社会各界力量共同推进英国文化发展的作用，在文化管理上形成了纯熟的能够联合国家各相关部门、组织的大文化管理机制和管理体系。与这一机构合作的部门和机构主要有准官方的文化机构如英格兰艺术委员会、各地区政府、文化行业协会，社会中介机构和文化经纪人、彩票发行机构及各文化产业集团。政府不干预文化市场的具体运作。政府资金资助主要委托非政府公共文化机构实现对文化事业的财政支持。各类中介、非政府公共文化机构通过具体分配拨款的形式，负责资助和联系全国各个文化领域的文化艺术团体、机构和个人。

（2）多种力量影响文化政策制定实施。文化目标和调控手段转向的另一个结果，则是文化政策的生成机制和运行模式发生了变化。虽然各种国家和亚国家政府是文化政策形成的基本场所，但跨国公司倡导也非常重要。跨国公司意识到文化、传播和关联产业潜在的巨额利润，不断对政府施加影响以解除进入特定市场的壁垒，推动政府启动了电信、广播电视等曾经高度管制领域的市场化进程。许多国家经济活动向私人方面转移，在文化政策及策略选择过程中，已在政府、公司和社区外加入新成员。过去纯粹以国家为基础制定文化政策的方法，已被更广泛的跨地区和多层次的方法所替代（李平，2003）。各种跨国组织和国际组织、亚社会和种族团体、跨国公司和其他产业的伙伴关系，在各国文化政策形成中的影响日益显著。如成立于1984年的国际知识产权联盟（IIPA）是美国以版权为基础产业的民间组织，代表出版者协会、电影营销协会、电影协会、全国音乐出版者协会、录音业协会等行业组织和1600多家公司。IIPA收集资料，委托专家调查，参与立法。向美国贸易代表（USTR）提出报告和建议。通过联合行动，游说政府，维护知识产权权利人的利益。IIPA 积极与政府执法部门配合，一旦发现市场上有盗版制品或盗版迹象，会主动向联邦调查局等机构报告，追查盗版行为刑事责任，以挽回企业经济损失。

（3）文化政策与其他公共政策融合。文化政策目标、调控手段转向直接影响了文化政策的内容和形式。当文化尤其是文化产业日益被视为一个经济部门，各国开始致力于将文化整合于公共管理体系内，探索文化与发展、文化与经济、文化与科技相互依存的新形式。经济政策、科技政策乃至国家外交和安全政策都成为文化政策的表现形式。而经济、外交、科技、产业等其他领域公共政策的内容也必须考虑文化的政策需求，以及经济与文化、科技与文化、传统产业与文化产业的"协同"与"融合"。

二 欧美国家跨行业跨地区文化政策变革的特征及启示

1. 保障国家利益和文化独立性是政府文化政策的最高宗旨

总体上，经济理性和政府新的管理思维合力开启了欧美国家文化政策变革的历程，使各国文化领域从严从紧的管制政策被市场化、"轻度管制"合法化、国际化所取代。由于文化传播、传媒的声音象征着国家形象，代表着国家的综合国力。本土和跨国文化企业兼并重组、进入全球市场传播本国文化，与各国政府争夺全球霸权的整体扩张战略及各自的国家利益是高度一致的。如美国在线、时代华纳、迪士尼的集中化战略，强化了美国在全球的文化竞争力、影响力。因此，各国政府甚至不惜牺牲某些公众和集团利益鼎力支持这种扩张。例如，1995 年，尽管有来自 NBC 的抱怨，新闻集团仍然获取了 FCC 和国会的特许政策，继续拥有和运作福克斯广播网和许多地方电视台。英国政府也向国际所有公司开放国内市场,让新闻集团(News Corp)、维亚康姆(Viacom)之类的公司控制商业广播,允许鲁伯特·默多克(Rupert Murdoch)购买英国报界相当大一部分股权,允许他的星空卫视取得英国卫星广播的主导权。

但市场化乃是领导有意识的决策,其范围和程度仍是政府力求掌控的。假如自由贸易、市场化违背国家主权、国家安全和文化独立性,任何国家都不会采取完全放任的自由。国家文化安全和国家利益则是各国文化政策遵从的最高宗旨,美国也不例外。美国采取战略性贸易政策,对自己不具竞争优势的服务行业和敏感性文化行业的市场准入设置种种障碍,借助各种灰色条款保护国内版权产业。而法国在追随新自由主义大潮的同时,与其欧洲伙伴一起始终力争"文化例外"(cultural exception)的必要,抵制文化领域的自由贸易和"文化帝国主义",其原因不仅是由于来自国外的竞争极大地破坏了欧洲国家的文化产业,而且因为法国普遍存在着一个保护民族文化身份及遗产的政治意愿。这个意愿特别体现在1993年关贸总协定(GATT)的谈判中,成功地使视听产品在自由的国际贸易领域享有豁免权使得法国至少在一段时间内可以延续其文化产业方面独特的社会管理体系。

新闻出版、网络通信、广播影视、音像制品等文化及产业部门属于国家上层建筑的敏感领域。任何国家政府都会对这些部门进行干预,以维护本国政治文化的独立性,抵御外国在文化意识形态方面的大量入侵。因此,文化市场的开放,不仅涉及到经济利益,还关系到一个民族、一个国家的文化身份和文化安全,关系到一个民族的文化原创力。中国文化产业及企业缺少竞争优势,难以抵御国际文化巨头的竞争。因此,为防止市场和其他国家大型跨国公司对文化的操纵,在今后相当长的时期,中国还必须加强对文化领域的政府指导和规制。

2. 构建文化产业相关的国际国内制度体系保护本国经济和企业利益

（1）适应技术、产业水平及企业创新、创意能力提升逐步提高知识产权保护水平。知识产权最主要的制度著作权法在欧洲很早就形成了基本框架，美国到 19 世纪晚期开始成型。1982—1985 年，英、美等国以知识智慧产权为基础的工业取得了迅速发展，电影、音乐、电脑和图书等行业快速增长。加之国内、国际贸易领域版权冲突和纠纷日趋增多，为维护本国企业权益和国家利益，各国对有关政策法规进行了增删、修改和完善，提高了保护广度（确认新的保护客体、法权关系）和深度（延长保护期、加强执法力度和刑事制裁），及时回应了传媒技术、网络通信技术、数字电视、卫星电视技术的发展趋势和本国产业发展、企业创新、创意能力提升的现实需求。

在普通法系国家中，美国 1970 年第一部版权法仅适用于书籍、地图和期刊。1976 年重新修订后，保护范围扩大到所有作品，并对版权开始实行单一的联邦保护制度。美国版权制度奉行"商业版权"说，认为版权的实质是版权人享有排除他人为商业目的而复制其作品的专有权利。其保护重点是内容产品的经济权利、经济价值及其发行者、营销公司的利益。版权本身的含义包括了邻接权，即录音录像、广播、电影等相关内容成为版权客体，并日益作为保护的重点（夏建国，2002）。

法国是大陆法系国家的代表，1791 年和 1793 年颁布《表演权法》和《作者权法》。后经过 1957、1985、1992 年多次修缮，法国著作权已超过 Trips 协议和 1996 年《世界知识产权组织版权条约》（WCT）、《世界知识产权组织表演和录音制品条约》（WPPT）的保护水平。1985 年法国颁布《关于著作权和表演者、唱片制作者、视听传播企业的权利的法律》，强化了对邻接权的保护并确定了完整的邻接权制度，增加了著作权及邻接权集体管理方面的内容及保护期限。1992年，《知识产权法典》明确使用"邻接权"概念，将之作为一项独立的权利，与著作权并列共同构成了其权利框架，并将邻接权延伸到现代视听传播和卫星传输领域。

（2）推动国内外贸易及知识产权制度改进保护本国产业及企业。在协调国际国内立法方面，欧美各国都围绕伯尔尼公约和Trips协议修订国内法规。但在保护水平、内容和方法选择上，各国知识产权制度主要被用来推进自身的经济利益，特别是在国际贸易中限制、制裁他国企业和产品竞争。如美国曾将参加了国际条约和国会立法都视为仅次于美国宪法的最高法律。但自20世纪70年代起，美国国会在批准国际协定时明确规定若协定规定与美国国内法冲突，适用美国法。美国将其国内法效力置于国际条约之上。美国一直致力于建立一个世界范围内对其有利的贸易自由秩序，力图将国内的知识产权制度推向全球，使国际公约按照其意愿改进，并根据其自身利益来制定游戏规则。美国保留其不遵守国际公约的特权，以国内法对成员国进行报复和压制。甚至不惜以退出国际组织或公约来威胁。美国在批准"世界贸易组织"时曾经提出，只要有三个裁决不利于美国，则美国就退出该组织[①]。

中国在知识产权立法方面，自1982年相继颁布、修缮了《商标法》《著作权法》和《专利法》。在国内法和国际规则的协调方面，中国一直在致力于使国内法规与国际公约规定相一致。由于知识产权保护起步较晚，中国众多行业缺乏自主知识产权，仿制率高。音乐CD、电影录像和DVD的盗版、侵权猖獗。在知识产权保护法律实施和执法过程中，中国存在严重的执法难问题。因此，制定有效实施的制度框架并采取切实有效的执法举措是当务之急。

---

① 《美国批准世界贸易组织》，《参考消息》1995年8月15日。

但作为发展中国家，中国不能完全照搬欧美国家法规体系。中国应在遵守国际公约的基础上构建符合国情的知识产权制度。同时，注意发达国家和国际知识产权制度对发展中国家的利益侵害及负面影响。中国文化产业尚处于发展初期，企业的创新、创意能力较弱，过高的保护水平，在短期内只能提高我国获取知识信息等方面的应用成本，保护外国产权人的利益。因此，为扶持中国弱小文化企业成长，中国的知识产权制度建设应借鉴欧美国家经验，坚持"阶段论"和"范围论"的有机结合，遵循国际公约规定的最低标准，逐步提高知识产权保护水平。

3. 构筑官产研合作网络，推进企业跨行业国际经营

西方文化政策的变革推动了文化与经济、文化与科学的融合，以及不同文化部门之间的协同，强化了计算机网络、电信、传媒各种传播形式及相关业务公司之间的国际合作及产权融合。此外，各国非政府组织也为政府提供了重要的决策支撑。如美国国际决策咨询业作为立法、行政、司法和媒体之外的"第五种权力"和思想库与政府签订合同，开展独立研究，并与多国政府、民间组织和媒体合作，对美国政策制定、提出国际制度和国际标准倡议、传播本国的价值理念、增进本国利益作出了重要贡献。

近年来，中国文化体制改革、组建文化产业集团推动了文化产业的跨行业、跨地区经营。但地区、行业壁垒，各自为政的现象仍然存在。由于长期以来为保证国家在政治、文化上的独立性，中国文化核心领域的传媒体系与政府新闻舆论、意识形态控制高度重合，其他经济成分被阻止进入。而现有经营性事业单位在体制内长期占据垄断地位，不利于文化产品服务的多样性及社会的公平、公正。因此，今后文化领域的变革方向，仍是打破行业、部门条块分割，培育有竞争活力的跨国文化企业，实现技术、体制、制度及产业融合创新。

三 结论及政策建议

文化产业跨行业跨地区运作特性和产品（服务）营销、国家（区域）营销功能，对提升相关国家和地区相关行业产品、服务的原产地形象、文化价值及产业国际分工地位，并促进经济社会的协调、可持续发展。

一个产业要形成国家竞争优势往往需要十年或更长的时间，文化产业的发展也不例外。信息时代，文化生产已经日益成为一种巨大、复杂的社会化、国际化大生产。如何选择具体的路径和发展模式、成功实施文化产业"走出去"战略，已成为当今世界性的重大课题。中国政府可通过以下途径，促进中国文化产业的跨地区跨行业国际经营：

1. 加强立法立规，建立健全文化产业发展的管理机制

文化产业跨行业跨地区发展有其内在的效率、利益、技术要素驱动和产业竞争因素的促进。但由于它是一个跨产业、跨部门、跨区域的国际营销过程，需要打破行业、部门条块分割，突破传统管理体制和观念的束缚，实现技术、体制、制度创新及产业融合创新。

具体到文化产业跨行业跨地区经营战略的实施，中国需要进一步从国家发展的战略高度，制定鼓励文化企业跨行业跨地区、国际经营的政策性文件。政府应加强对走出去文化企业的支持，放宽行政审批权。与此同时，把实施跨行业跨地区经营战略与产业结构、经济发展方式转变、文化产业结构的战略调整结合起来，给予充分重视和政策扶持。

美国政府的文化产业政策值得借鉴。和其他国家相比，多数情况下美国没有具体的产业政策，但这并不意味着美国政府对文化产

业发展毫无作为。事实上,美国政府角色之一是扮演生产要素创造者,特别是高级生产要素的培育者。美国各级政府机构在教育、科技和基础设施建设方面持续地进行大量投资,为了文化产业发展创造生产要素而不遗余力。美国政府在维护市场竞争秩序上也扮演着重要角色,制定并执行严格的反托拉斯法以维系自由开放的交易体系。美国政府还在应对前瞻性问题的挑战上发挥着至关重要的作用,为文化产业走出国门创造了巨大的发展空间。

2. 确保文化产业发展资金的供给

鼓励多样化投资文化产业。政府通过法律法规和政策杠杆来鼓励省、市、县、各企业集团以及社会对文化艺术进行支持。政府通过加大财政投入、减免税收、设立专项基金、动员社会资金、完善相关文化经济政策等措施,保证文化产业的外向型发展。像美国和加拿大一样,加强和加大进出口银行和进出口保险对走出去企业的服务,以帮助解决走出去文化企业面临的资金不足的问题。

3. 建立健全人才培养机制,培育具有国际化生产经营、管理能力的人才

韩国在2000—2005年五年间,投入2000多亿韩元,抓紧培养复合型人才。在人才管理系统上,利用产、学、研联手,成立了"CT产业人才培养委员会",设立了"教育机构认证委员会",建立了文化产业专门人才数据库。同时,还建立了网络信息学院、全州文化产业大学、大邱文化开发院校、传统文化学校等专业院校,并利用网络及其他教育机构进行人才培养,同时不断选派人员出国研修,培养具有世界水准的专业人才。

因此,我国政府除采用高等院校培养专门人才,也可仿效韩国,利用网络及其他教育机构加强专业培训。与此同时,通过加强与国外的人才交流培训、引进急需人才等措施,逐渐完善人才培训、管理系统,尽快培育出文化产业急需的具有全球视野和国际营

销能力的人才队伍。

在全球化和信息化时代，网络、社会资本、知识、创意设计及人才等高级资源要素的创造、培育，文化艺术等共生资源的挖掘、保护、开发和利用，正在成为新一轮经济竞争并主导全球产业结构重组的核心要素，是一个地区、国家提升综合实力的重要途径，也是当今世界区域和国家文化产业全球拓展，实现文化产业的规模化、国际化、跨行业跨地区发展，并促进产业结构升级和经济增长方式转变的新型战略课题。

4. 建立奖励机制，尽快在文化产业相关领域完善和实施奖励措施

加大对影像、出版、游戏、动画、音乐等重点文化产业的奖励力度。可通过举办国际性、全国性的颁奖、竞赛活动，一方面奖励、发现在文化产业方面的优秀人才，另一方面增强对外交流，扩大中国的国际影响，提升中国文化产业的知名度。

5. 政府扶持，推动文化企事业单位集体行动，大力开拓国际市场

应当特别关注的是，文化产业是多个企业、组织、个人联合构成的无边界"多重目标共同体"。它的跨行业跨地区国际经营，依赖优势文化企业、关联企业、行业协会、政府等组织的"集体行动"。除了微观层面企业自身的战略权变及策略选择，政府宏观层面的政治运作、国家营销及产业发展战略、政策设计是弥补市场调节失灵、促进文化产业跨行业跨地区发展的重要变量。特别是政府、团体协会、关联企业等组织联合，如推出的具有地域特色的文化营销、产品促销活动，有益于整合资源，优化配置，集中人力、物力推动文化产品及关联产品服务的创意制作及国际营销。

政府一方面要进一步扶持我国国有文化事业单位立足海外市场，由政府推动联合优势人力、物力，集中文化产品生产制作，并

瞄准国际大市场，向国外推出中国特色的文化产品营销活动，如演艺、展览等，旨在整合资源，优化资源配置，实现集约化经营，提升中国文化产业整体实力，塑造中国文化产业国际形象。在这方面，英国政府作出了积极的表率。英国积极创新电影业扶持方法，布里斯托尔市政府采用公私合伙制（PPP）方法，多方筹措创意产业发展基金，资助本地文化设施建设和电影节活动。如非营利组织——英国自然银幕基金会与政府合作，定期举办世界上级别最高的国际野生动物和自然环境电影节（Bristol Wildscreen），这为布里斯托尔创造了国际知名的专业、高质量电影制作品牌，促进了布里斯托尔电影制作产业集群的发展（Bassett et al., 2002）。另一方面应鼓励民间从事文化产业的民营企业走出去。民营企业自负盈亏，不吃国有的大锅饭，应加大对这些企业的政策扶持。同时，就像在全国各省市设立招商引资服务中心一样，可在各大城市及海外设立中国企业走出去或出口服务中心或办事处，提供信息等相关服务，帮助中小文化企业加强"走出去"的业务。

采取具体措施，加强"走出去"企业与所在国海外中国文化中心、中国驻外使领馆和商务处的直接联系，以便及时获取海外文化发展信息，积极促进互动交流。

此外，中国文化积淀深厚、包容丰富，成为文化产业跨行业跨地区发展的深层历史动因。中国制造业发达，近年来，中国制造越来越深地融入到世界制造业分工体系中，成为世界制造业一个日益重要的组成部分和生产基地。中国制造已经不再是价廉质劣的代名字，中国产品出口目标国遍及全球。但是，中国制造企业形象意识薄弱，产品缺乏鲜明的品牌特色和有影响力的现代营销方式。因此，其销售渠道、文化价值、创意设计能力、盈利能力的提升客观上要求与文化产业的联姻，构建全球价值链，促进产业全球分工地位的提高。

参考文献

［1］Augustin Girard, *Cultural Development: Experiences and Policies*, Paris: UNSCO, 1972, 130.

［2］［美］大卫·赫斯蒙德夫：《文化产业》，张菲娜译，中国人民大学出版社2007年版，第123、105、125页。

［3］［英］吉姆·麦圭根：《重新思考文化政策》，何道宽译，中国人民大学出版社2010年版，第80—84、61页。

［4］Peter Duelund, "Cultural Policy: An Overview", in Peter Duelund ed., *The Nordic Cultural Model*, Copenhagen: Nordic Cultural Institute, 2003: 13-14.

［5］［美］罗斯科普夫：《是对文化帝国主义的赞美吗?》，杜丁丁译，《国外社会科学文摘》1999年第4期，第41—43页。

［6］李明超：《创意城市与英国的创意产业兴起》，《公共管理学报》2008年第4期，第93—100页。

［7］黄鹤：《文化政策主导下的城市更新——西方城市运用文化资源促进城市发展的相关经验和启示》，《国外城市规划》2006年第1期，第34—39页。

［8］王海、张云平：《美国反垄断法"变异"对媒介管制的影响》，《河南社会科学》2007年第1期，第146—148页。

［9］Booth, P. and Boyle, R. See Glasgow. See Culture. In F. Bianchini and M. Parkingson (eds.). *Cultural Policy and Urban Regeneration: The West Europe Experience*. Manchester: Manchester University Press, 1993: 193-213.

［10］［德］彼得·科斯洛夫斯基：《后现代文化——技术发展的社会文化后果》，毛怡红译，中央编译出版社1999年版，第

161页。

［11］刘悦笛：《对美国文化产业的政治考量》，《学习月刊》2006年第9期（上），第11—12页。

［12］李平：《美国的知识产权保护制度对我国的启示》，《世界经济与政治论坛》2003年第2期，第14—17页。

［13］夏建国：《论法国知识产权法典的立法特色及借鉴》，《河北法学》2002年第11卷第6期，第124—128页。

［14］李敏：《发达国家跨行业文化政策变革的方向及特征》，《中国行政管理》2012年第11期。

后　记

　　历时多年，从 2010 年获得教育部项目资助开始，到快要完成国家社会科学基金面上项目，几经反复，终于完稿。随着研究、写作过程的逐渐深入，思路也慢慢打开并不断拓展。文化产业门类、行业众多，相互联系紧密。作为研究如何取舍，有限的时间难以涵盖大量的研究对象和范围。调研数据、资料收集整理的繁复，计量模型构建的不易，也遭遇诸多现实和理论难题……有些时候会怀疑已经完成的工作，也动过放弃的念头，但项目承担者的责任与使命，最终激励我完成全文。

　　本书原计划 2017 年 12 月出版，由于国家社会科学基金项目未结项和学校科技部的建议，拖延至今。无论好坏，最终能够出版了。如同小时候埋下雏菊的种子，发芽后，一颗忐忑的心终于可以放下……

　　感谢多年来家人、同事、同学的鼓励！……

　　作为国家社会科学基金一般项目"泛在媒体网络环境下中国电影跨文化绩效提升途径研究"（16BXW038）阶段性成果，本书也受到南京航空航天大学中央高校基本科研业务费专项出版资金（No. NR2017046）资助。

李　敏

2019 年 11 月 8 日

于南京